Восстановление скорбящих

Практическое руководство

УДК 82-3
ББК 84
Д42

The Grief Recovery Handbook
Copyright © 2019 by John W. James & Russell Friedman
All rights reserved

Джон В. Джеймс и Рассел Фридман
Восстановление скорбящих / Пер. с англ.: Издатель ИП Михеев В. В., 2020. — 226 с.
Все права защищены международным законодательством об авторских правах.

ISBN: 978-5-6042946-1-1 (рус.)
ISBN: 0-06-095273-3 (англ.)

Практическое руководство: как пережить смерть близкого, развод и другие утраты, в том числе утрату здоровья, работы и веры. Улучшенное и расширенное издание включает в себя новый материал: как справиться с травмой и посттравматическим стрессовым расстройством.

Содержание

Предисловие к русскому изданию

Книга, которую вы держите в руках, необычна. В ней изложен **принципиально новый подход к переживанию горя**. Здесь вы не найдете красивых фраз и пространных рассуждений — это практическое пособие, руководство к действию.

Для меня как переводчика и редактора этой книги пройти программу восстановления скорбящих было обязательным условием. Неожиданный поворот. Но если честно, вряд ли что-то другое заставило бы меня сделать это так скоро. Мне казалось, я давно уже разобралась со всеми своими утратами. После первых двух встреч с Тэмми, специалистом Института восстановления скорбящих, я поняла, что нет. Многие из них я даже не осознавала.

С тех пор прошел год. Изменения, которые произвела во мне программа, превзошли мои представления. Я овладела навыками переживания скорби и применяю их в жизни. Вот что хочется сказать об этом пособии. Если бегло его пролистать или даже внимательно прочитать, вряд ли найдешь в нем «ценные сокровища». Они открываются, когда начинаешь выполнять предложенные в нем задания. Следуя простым и ясным рекомендациям, я натолкнулась на переворачивающие жизнь открытия, отпустила боль прошлых потерь и пришла к «чувству завершенности». Чего желаю и вам!

Ольга Ярощук,
редактор

Последние 30 лет наша семья жила в скандинавских, европейских и русскоязычных странах. Благодаря этому я хорошо говорю на нескольких языках, в том числе по-русски. Нам приходилось часто переезжать, и это давалось мне не легко. Особенно тяжелым стал для меня переезд в Англию в 2007 году. Именно тогда я вспомнила о книге «Восстановление скорбящих», которую в течение нескольких лет мне неоднократно рекомендовала одна из коллег. Когда я, наконец, ее открыла, то поняла, что у меня в руках нечто совершенно особенное.

С помощью книги я хотела в первую очередь разобраться с чувствами, вызванными переездом. Но, к моему большому удивлению, начав выполнять задания, я поняла, что в моем сердце есть и другая, более глубокая печаль.

Я достаточно рано потеряла обоих родителей, у меня нет братьев и сестер. Я и представить себе не могла, что эти тяжелые утраты, случившиеся много лет назад, до сих пор негативно сказываются на качестве моей жизни и отношениях с окружающими. Я также неожиданно для себя осознала, что у меня есть много сожалений об отношениях с дочерью. Казалось, ее детство незаметно пролетело мимо, потому что я так часто терзалась из-за прошлого и беспокоилась о будущем. Мне открылось, что отношения с дочерью не единственные, в которых я испытываю чувство незавершенности. За многие годы я хорошо научилась подавлять это чувство, стараясь искать во всем только хорошее и быть благодарной. Мое сильно пошатнувшееся к 40 годам здоровье стало для меня еще одним испытанием.

Начав выполнять предложенные в книге задания, я ступила на удивительный путь откровений, который раскрыл мне глаза на тайны моего собственного сердца. Мне словно дали в руки инструмент, который помогает освободиться от боли прошлого.

Я мечтаю, чтобы эта программа была доступна моим друзьям и всем русскоязычным читателям.

Тэмми Флеминг,
специалист Института восстановления скорбящих,
www.tammytaxterfleming.com

Если вы хотите больше узнать о программе «Восстановление скорбящих» или пройти ее в России, вы можете связаться с нами по электронной почте: **griefrecovery@yandex.ru**

Вступление

Вряд ли кто-то, проснувшись утром, вдруг скажет: «Скорбь... Как интересно[1]! Может, посвятить этому жизнь?..». У нас всё произошло совсем не так. Мы — это Джон В. Джеймс и Рассел Фридман. Мы являемся учредителями Института восстановления скорбящих.

Вот, вкратце, что с нами произошло, как появился институт, и как менялось наше пособие.

Джон испытал сильнейшее потрясение в 1977 году, когда у него умер ребенок. Но сумел оправиться от горя[2] и продолжил работать в области проектирования солнечных батарей. Знакомые, которые слышали, *что* он пережил и как сумел справиться с болью потери, приводили к нему своих друзей, которые переживали утрату. Вскоре Джон проводил со скорбящими столько же времени, сколько с подрядчиками, но ощущал от общения с первыми больше отдачи. Спустя какое-то время он понял, что его призвание — помогать скорбящим[3], и основал Институт восстановления скорбящих.

Знакомство Рассела с этой программой произошло не вследствие смерти близкого человека, а вследствие второго развода

---

[1] Дословно: «Какая идея!». Здесь и далее, кроме особо отмеченных, сноски сделаны редактором.

[2] Дословно: «но он открыл для себя способ успешного завершения скорби».

[3] По-английски: Grief recovery. Их институт называется Grief Recovery Institute. Greif recovery — это запатентованная программа Джона В. Джеймса и Рассела Фридмана.

и банкротства. Он бы так и не осознал, что скорбит, если бы его не привели на лекцию Джона. Там Рассел понял, что можно как-то справиться с переполняющими болезненными чувствами. На следующий день он пришел в институт в качестве волонтера, и до сих пор — вот уже 21 год — он здесь[4].

Деятельность института направлена на то, чтобы *в кратчайшие сроки помочь восстановиться как можно большему числу скорбящих*. Чтобы достичь этой цели, институт организовал программу работы с населением по всей территории США и Канады. Но этих усилий оказалось недостаточно. Судя по откликам, стало очевидно, что нужны дополнительные ресурсы. Одним из них стало пособие «Восстановление скорбящих», первое издание которого было опубликовано нами самостоятельно. Книга имела успех. Стало очевидно, что нам нужна помощь крупного издателя, чтобы пособие было доступно большему числу людей.

В 1988 году издательство «ХарперКоллинз» (переименованное позже в «Харпер и Роу»), крупнейшее в США, согласилось опубликовать книгу в новой редакции. Благодаря этому шагу еще больше людей смогли получить качественную помощь и оправиться от потери. Наше сотрудничество было весьма успешно. Пособие «Восстановление скорбящих» стало доступно жителям всех уголков страны. Чем больше людей брали в руки книгу, тем больше из них восстанавливались.

В 1998 году издательство «ХарперКоллинз» опубликовало пособие «Восстановление скорбящих» дополненное и исправленное. За десять предыдущих лет мы значительно продвинулись в помощи переживающим утрату. И этот новый материал вошел в обновленное издание. Джон глубоко убежден в том, что *«человек может восстановиться после любой потери, имея верные знания и принимая правильные решения»*. Мы делаем всё, чтобы предоставить людям необходимые знания, которые помогут им сделать верные шаги в сторону исцеления.

---

[4] Книга написана в 2009 году. 26 ноября 2016 года Рассел умер.

Невозможно точно определить, скольким людям помогли три предыдущих издания книги. По самым консервативным оценкам, более миллиону человек. И хотя мы рады возможности обновить пособие, мы хотим поблагодарить всех, кому предыдущие издания обязаны таким успехом.

Наша особая признательность тысячам скорбящих, которые рассказали нам о себе в письмах и по телефону. Благодаря вашим отзывам и предложениям мы вносили необходимые изменения в книгу, чтобы она могла помочь еще большему числу переживающих горе. Мы хотим также поблагодарить тысячи специалистов, которые прошли нашу программу и активно ее используют в своей работе. Ваши рекомендации и поддержка оказались неоценимы.

Сейчас 2008 год, еще одно десятилетие позади. Неустанно продолжая свою работу, мы поняли, как можно оказать людям более эффективную помощь. С волнением и трепетом мы представляем вам всё новое, что узнали, чтобы вы смогли восстановиться и чтобы этот путь был для вас посилен. Новый материал мы поместили в четвертую часть пособия, которая начинается на странице 175.

За эти годы мы провели множество лекций в различных учреждениях и предоставили консультации множеству организаций — университетам и мединститутам, больницам и реабилитационным центрам для зависимых от алкоголя и наркотиков, похоронным бюро и работникам кладбищ, государственным и частным школам, а также различным социальным, религиозным группам и философским школам в разных уголках мира. И хотя этот список впечатляет, он совершенно неважен. *Для переживающего утрату он не имеет никакого значения*[5].

Как вы уже знаете, мы пришли к этому делу не в результате интеллектуальных исканий. Толчком для нас послужила сильная душевная боль. Та же самая боль привела к этой кни-

---

[5] В английском: Although the list is intellectually accurate, it is emotionally irrelevant.

ге и вас. Когда душа саднит, человек задается вопросом: «Что мне делать с этой болью?» В книге вы найдете ответ. Предлагаемый вам путь восстановления[6] — это прорыв в области помощи переживающим утрату.

Многие люди, которые работают со скорбящими, подходят к горю с точки зрения разума. *Скорбящий начинает много понимать, но это не очень-то помогает ему оправиться[7] от потери.* Данная книга направлена на то, чтобы помочь человеку справиться с душевной болью, вызванной смертью близкого, разводом или другими потерями.

Мы хотим обратиться ко всем, чьи сердца переполняет боль утраты[8]. Мы знаем, что предлагаемые в этой книге шаги помогут вашей боли утихнуть[9]. Мы также знаем, что путь эмоционального восстановления не прост. Возможно, не в силах справиться с горем, вы закрылись. Если бы мы могли, мы были бы рядом с вами и помогли предпринять шаги, которые снова откроют ваше сердце. Может быть, вы боитесь начать. Возможно, что-то испугает вас на пути. Пожалуйста, помните, что эти шаги предприняли уже сотни тысяч людей. И мы уверены, что они вместе с нами попытались бы вдохновить вас преодолеть свои опасения и встать на путь восстановления.

Мы желаем вам удачи.
Всегда к вашим услугам,
Джон и Рассел

---

6 В английском: the concepts of Grief Recovery…
7 Т. е. восстановиться.
8 Дословно: «неразрешенная» или «незавершенная скорбь».
9 Дословно: «приведут вас к завершению боли, вызванной потерей».

ПЕРВАЯ ЧАСТЬ

Суть проблемы

Если вы читаете эту книгу, скорее всего, вы испытываете душевную боль.

Причиной этой боли может быть смерть близкого, которая произошла недавно или давно.

Возможно, боль вызвана разводом или расставанием с любимым человеком.

Душа может болеть из-за любой из множества[10] потерь, которые человек переживает на своем жизненном пути.

Возможно, вы вдруг осознали, что не так счастливы и довольны жизнью, как вам бы хотелось.

Каковы бы ни были причины ваших душевных страданий, вы знаете, *что* испытываете, и вам, по всей видимости, не хорошо.

Мы не собираемся описывать здесь ваши чувства. Вы их и без того осознаете. И мы не будем говорить, что знаем, что вы чувствуете, потому что мы не знаем. *Никто не знает.* В лучшем случае мы помним, что испытали сами, когда столкнулись с потерей.

---

[10] Дословно: «более 40 потерь». Этим авторы хотят сказать, что утрат в нашей жизни гораздо больше, чем нам кажется.

Какими бы болезненными ни были изменения в вашей жизни, мы подскажем, что надо предпринять, чтобы восстановить душевное равновесие.

КАК ПОЛЬЗОВАТЬСЯ ПОСОБИЕМ «ВОССТАНОВЛЕНИЕ СКОРБЯЩИХ»

Не забегайте вперед. Есть разница между людьми, которые разрешают свою боль, и теми, кто этого не делает. Чтобы справиться с болью утраты, нужно следовать четко намеченному плану.

В этом пособии содержится информация, которая поможет оправиться после утраты. Тот, кто действительно хочет чувствовать себя лучше, найдет здесь много полезного. Вместо замкнутости и нежелания разбираться с болью он сможет выбрать чувство завершенности и восстановиться. Если вы будете читать всё по порядку, вы очень быстро придете к душевному равновесию.

В книге много письменных и устных заданий. Пожалуйста, не обходите их. Иначе вы неизбежно вернетесь к своим старым и бесполезным убеждениям. Следуйте программе, и вы сможете восстановиться.

ПРЕДУПРЕЖДЕНИЕ

Эта книга не является учебным пособием. Пожалуйста, не думайте, что если вы прочтете ее и выполните все задания, то получите необходимые знания и навыки, чтобы помочь другим. Для подготовки сертифицированных специалистов у нас есть особые программы[11]. В конце книги указаны адреса и номера телефонов, по которым можно с нами связаться и узнать информацию обо всех наших услугах.

---

[11] Grief Recovery Certification Programs.

1

Скорбь. Такое непонятное и отвергаемое состояние[12]

Скорбь — это естественная реакция на любую потерю. Поэтому чувства, которые вы испытываете, нормальные и закономерные. Проблема в том, что общество приучило нас думать иначе.

Несмотря на то, что это нормальное чувство, и очевидно самое сильное из всех, *его неверно воспринимают и не уделяют ему надлежащее внимание как сами скорбящие, так и окружающие их люди.*

Во всех взаимоотношениях есть элемент «привычного» — будь то романтические, социальные, семейные или рабочие отношения. *Скорбь возникает вследствие прекращения или изменения привычного образа жизни[13] и вызывает противоречивые чувства.* Что мы подразумеваем под «противоречивыми чувствами»? Например, когда тот, кого вы любите, умирает после продолжительной болезни, вы можете почувствовать об-

---

[12] Дословно: «процесс».
[13] Здесь и далее — буквально «поведения».

легчение, что дорогой вам человек больше не страдает. Это позитивное чувство, хотя оно и связано со смертью. В то же время вы осознаете, что больше не увидите этого человека и не прикоснетесь к нему. И это причиняет вам боль. Эти противоречивые эмоции — облегчение и боль — нормальная реакция на смерть.

А как насчет развода? Это событие тоже сопровождается противоречивыми чувствами? Да. Вы ощущаете свободу, потому что скандалам и ссорам положен конец. И это положительно окрашенное чувство. В то же самое время, вы можете испытывать страх, что никогда больше «не встретите такого же красивого или хорошего человека, который будет вас обеспечивать». Эти противоречивые чувства свободы и страха тоже естественная реакция на утрату.

Какие еще потери вызывают противоречивые чувства? Развод и смерть самые очевидные из них. Но есть и много других, которые вызывают чувство скорби. Например:

- смерть домашнего питомца;
- переезд;
- поступление в новое учебное заведение;
- смерть бывшего супруга;
- брак;
- выпуск из учебного заведения;
- серьезные изменения в состоянии здоровья;
- выход на пенсию;
- финансовые изменения (как в лучшую, так и в худшую сторону);
- проблемы с законом;
- когда дети уезжают из дома.

Зачастую эти обычные события не ассоциируются со скорбью. Тем не менее, все они нарушают привычный образ жизни и вносят существенные изменения в значимые для нас отношения, что как раз вызывает скорбь.

Даже если в вашей жизни самые серьезные утраты не связаны со смертью, не откладывайте книгу.

Спустя 30 лет работы со скорбящими, мы обнаружили еще несколько видов потерь, среди которых потеря доверия, чувства безопасности и контроля над своим телом (в случае физического или сексуального насилия). Общество до сих пор не признало эти утраты горем.

События, в результате которых утрачивается доверие, случаются почти с каждым и могут иметь продолжительные негативные последствия. Возможно, вы потеряли доверие к родителю или перестали доверять Богу или кому-то еще. Вызывает ли утрата доверия скорбь? Ответ — да. И мы снова возвращаемся к проблеме переживания этого чувства. Скорбь нормальна и естественна, но нас не научили ее правильно переживать. Мы скорбим, потому что ранена душа, а не разум[14]. Все попытки излечить сердце с помощью разумных доводов обречены на провал, потому что это всё равно, что рисовать картину молотком — ничего не выйдет.

Почти все разумные доводы начинаются со слов «не расстраивайся». В 1977 году, когда умер сын Джона в младенческом возрасте, один друг из самых добрых побуждений сказал: «Не расстраивайся. У тебя будут еще дети». Это вполне разумное высказывание о том, что Джон способен иметь детей, было не только неуместным, но и ненамеренно оскорбительным, потому что умаляло его естественную и нормальную реакцию. Джон не просто расстраивался, он был сокрушен горем.

Когда Рассел развелся с первой женой, он был опустошен. Но один из его друзей сказал: «Не расстраивайся. В следующий раз получится». Большинство комментариев, которые слышат люди, переживающие потерю, разумны и верны, но абсолютно бесполезны[15]. В результате скорбящие чувствуют

---

[14] Игра слов: Grief is about a broken heart, not a broken brain.

[15] Дословно: «эмоционально бесплодны» или «эмоционально пусты».

себя глубоко уязвленными и испытывают смятение, что заставляет их уйти в себя.

Поскольку большинство из нас научились решать все проблемы с помощью разума, мы вообще не знаем, что делать со скорбью[16]. В результате «разумного» подхода появились научные статьи, в которых утверждается, что мужчины и женщины скорбят по-разному. Мы признаем, что мужчин и женщин по-разному воспитывают, но по своему опыту знаем, что и те, и другие слабо представляют себе, что делать с печалью, болью и негативно окрашенными чувствами. Нет чувств, характерных исключительно для мужчин или исключительно для женщин. Нет такого понятия, как девичья или юношеская грусть, женская или мужская радость.

Мы не говорим, что в период скорби разум бесполезен. Ведь вы же читаете эту книгу, что является деятельностью разума. От вас требуется усвоить некие принципы и предпринять действия, поэтому, очевидно, что в какой-то степени разум задействован.

СКОРБЬ И ВОССТАНОВЛЕНИЕ

Многие, кто сталкивается с названием этой книги, в первый раз видят рядом слова «скорбь» и «восстановление». На протяжении веков религиозные и духовные лидеры учили, что нам следует воспринимать утрату как возможность для духовного роста. Но в современном обществе люди, испытывая сильную душевную боль, оказываются в растерянности и потому не представляют, как реагировать на утрату.

Что значит «восстановиться»? Это значит чувствовать себя лучше. Значит не позволить обстоятельствам управлять собой, а самому решать, как вы будете себя чувствовать, независимо от обстоятельств. Восстановиться значит обрести новый смысл жизни и не бояться испытать боль в будущем. Это значит уметь наслаждаться теплыми воспоминаниями без пронизывающе-

---

[16] Дословно: «скорбь остается огромной проблемой».

го сердце чувства горького сожаления. Это значит признать, что совершенно нормально иногда грустить и говорить о своих чувствах, как бы ни реагировали на это окружающие. Восстановиться — значит быть способным простить за неуместные слова и действия людей, которые не знают, что такое скорбь. Это значит вдруг однажды осознать, что говорить о своей потере нормально, и это признак душевного здоровья.

Но самое главное, восстановиться — значит приобрести навыки, которые должны были привить нам в детстве. Эти навыки помогут нам справиться с любой потерей. Многие из нас осознают: нет никакой гарантии, что дорогие нам люди всегда будут живы и здоровы. Те, кто пережил развод, также понимают, что нет никакой гарантии того, что супруг будет любить нас вечно. Навыки переживания утраты помогут вам справиться с душевной болью и полностью отдать себя в отношениях с теми, кто рядом[17]. Завершенное переживание приносит не только чувство освобождения, но и позволяет нам любить гораздо сильнее, всем сердцем.

Безусловно, восстановиться после тяжелой утраты — дело непростое. Каждый шаг потребует вашего внимания, открытости ума, смелости и желания идти вперед.

В ПОИСКЕ ОТВЕТОВ

Возможно, вы слышали выражение «В этом мире неизбежны только смерть и налоги». Читающие эту книгу знают, что в список «неизбежного» надо добавить еще кое-что — утраты. В жизни каждого из нас много утрат. Но несмотря на это, люди плохо представляют, как их пережить.

Вот, что мы знаем наверняка: все скорбящие стремятся к душевному восстановлению. Они обращаются за помощью ко всевозможным источникам, ищут группы поддержки, читают брошюры, покупают книги. Но везде наталкиваются на один

---

[17] Дословно: «участвовать на 100 % во всех ваших отношениях».

и тот же факт: общество не способно помочь им оправиться от горя и обрести утешение[18]. Со временем боль от неразрешенной утраты лишь нарастает. Чем бы ни были вызваны болезненные переживания — смертью близкого, разводом или какой-то иной утратой, — если человек не пришел к чувству завершенности, он надолго лишается возможности вести полноценную жизнь.

КАК ВОССТАНОВИТЬСЯ ПОСЛЕ УТРАТЫ

Восстановиться после утраты можно, предприняв ряд небольших, но верных действий.

К сожалению, многим из нас не известно, какие именно действия надо предпринять. В этой книге мы берем на себя смелость и ответственность рассказать об этом. Мы знаем, что принципы, изложенные в книге, работают. Они эффективны для тех, кто пережил смерть любимого человека, развод или любую другую утрату.

КАКИЕ ЕЩЕ ЧУВСТВА ВЫЗЫВАЕТ УТРАТА

Когда умирает любимый, *мы ощущаем привычное желание обратиться к тому, кто всегда был рядом, и вдруг понимаем, что его больше нет.*

Кто-то из вас читает эту книгу, потому что хочет разобраться в проблемных отношениях с тем, кто умер. Давайте назовем их «отношения с менее чем любимым человеком». Ваши ощущения могут быть такими: *вы хотите обратиться к тому, кого никогда не было рядом и по-прежнему нет.* То же самое правдиво и для тех, кому нужно осмыслить свои чувства и прийти к ощущению завершенности[19] в непростых отношениях с человеком, который жив.

---

[18] В английском: Bring the grieving experience to a successful conclusion. Дословно: «Привести печальный опыт к успешному завершению».

[19] Буквально «обнаружить и завершить незавершенные чувства».

Браки, закончившиеся разводом, почти всегда подпадают под категорию отношений с «менее чем любимым человеком». Развод разрывает брачные, сексуальные и социальные узы, *но между бывшими супругами сохраняется эмоциональная связь*[20]. Если разведенный, будь то мужчина или женщина, не придет к чувству завершенности, он, скорее всего, повторит свои ошибки в следующих отношениях.

НЕЗАВЕРШЕННОЕ ПРОШЛОЕ ОБРЕКАЕТ НА ПОРАЖЕНИЕ В БУДУЩЕМ

Что касается развода, мы не занимаем никакой определенной позиции с точки зрения морали и нравственности, закона, религии или социальных отношений. Мы лишь убеждены в том, что каждый, кого так или иначе коснулся развод, испытал скорбь. Это относится к детям, родителям, братьям и сестрам, а также друзьям разведенных. Для нас такая позиция всё облегчает. Мы знаем, что во всех отношениях основная проблема — незавершенная скорбь.

Развод (или разрыв романтических отношений) вызывает чувство скорби. Реальность для такого человека становится ограниченной, что негативно сказывается на будущих отношениях. Выбор того, кто не достиг чувства завершенности в отношениях с бывшим супругом, будет продиктован страхом. Такой человек будет постоянно в состоянии «боевой готовности», чтобы защититься от возможной эмоциональной боли. К сожалению, чрезмерная бдительность не позволит ему довериться, открыться и любить, обрекая очередные отношения на поражение.

---

[20] Буквально «развод не завершает эмоциональную связь».

Мы надеемся, что вы ощутите необходимость поставить точку[21] в предыдущих отношениях, чтобы увеличить вероятность успеха в нынешних. Мы надеемся, что тем из вас, кто замкнут и одинок, эта книга придаст смелости обрести чувство завершенности по отношению к бывшим партнерам и смело устремиться на поиски новых здоровых романтических отношений.

---

[21] Буквально «вернуться и завершить предыдущие отношения».

2

Усугубление проблемы

Скорбь тяжела сама по себе. Тем не менее, существует множество факторов, которые усугубляют это состояние и мешают оправиться от горя. В этой главе речь пойдет о некоторых заблуждениях, которые препятствуют восстановлению.

ЭТАПЫ СКОРБИ

Возможно, пытаясь найти необходимую помощь в интернете или у психолога, вы натолкнулись на следующее, довольно распространенное объяснение того, что с вами происходит. Многие выделяют пять этапов скорби, которые якобы переживает каждый, столкнувшийся со смертью близкого человека. Это отрицание, гнев, чувство вины, депрессия, принятие[22].

---

[22] В 1969 году американский психолог Элизабет Кублер-Росс, создательница концепции психологической помощи умирающим больным, выделила пять стадий реакции больных, а также их родных после оглашения смертельного диагноза. Сегодня многие ошибочно пытаются применить эти этапы к скорби, которую человек испытывает после смерти близкого, развода и других утрат. — Прим. авторов.

Мы считаем, что состояние скорбящего нельзя разделить на стадии. Каждый человек горюет по-своему, потому что все мы разные, и наши отношения с людьми уникальны.

За все годы нашей работы мы пока так и не встретили того, кто бы отрицал свою утрату. Первое, что люди говорят: «У меня умерла мама» или «У меня умерла собака», или «Со мной развелась жена». В этих фразах не слышится никакого отрицания. Если вы читаете эту книгу, *вы не отрицаете* того, что с вами произошло.

А КАК ЖЕ ГНЕВ?

Во многих публикациях и интернет-ресурсах о скорби утверждается, что, переживая утрату, человек всегда испытывает гнев или злость. При всем уважении к авторам, мы не согласны. Гнев порой вызывают обстоятельства, связанные с потерей. Часто мы испытываем гнев в отношениях с «менее чем любимым» человеком. Но предполагать, что скорбящий обязательно злится, неверно и опасно. Часто, когда умирает близкий, этого чувства нет и в помине. В подтверждение тому одна короткая история.

«Моя бабушка, с которой у меня были великолепные отношения, заболела и умерла. Ей было 92 года. К счастью, смерть наступила быстро, ей не пришлось много страдать. Я рад, что был рядом и успел сказать, как много она для меня значила. Атмосфера похорон полностью отражала ее характер. Пришло много людей, мы делились воспоминаниями о ней. Мне было очень приятно. Один приятель напомнил мне, что нужно с ней попрощаться. И я попрощался. Это было важно. У меня на сердце мир».

Это невымышленная история. Случись всё по-другому, иными были бы и чувства. Если бы у внука не оказалось возможности поговорить с бабушкой перед смертью, возможно, он бы негодовал на обстоятельства, которые помешали ему это сделать. Если бы в их отношениях было не все так гладко, он был бы расстроен тем, что ничего не успел исправить.

Неправильно считать, что гнев — это неотъемлемая часть не пережитой скорби. Кто-то будет его испытывать, а кто-то нет. Но если гнев есть, его нужно признать и иметь с ним дело[23].

РАСПРОСТРАНЕННАЯ РЕАКЦИЯ

И хотя скорбь нельзя разделить на стадии, состояние многих скорбящих очень схоже.

Неспособность сосредоточиться. Человек, переживающий горе, находится в спальне. Он хочет взять что-то на кухне. Но приходит туда и теряется — что он здесь делает? Зачем он сюда пришел? Поглощенность чувством утраты и неспособность сосредоточиться — распространенная реакция для скорбящих.

Потеря чувствительности. Обычно скорбящие рассказывают нам: когда они узнали об утрате, их первой реакцией был шок. Они ничего не ощущали ни физически, ни эмоционально. У каждого человека это состояние длится разный период времени. Редко у кого более нескольких часов. Часто эту реакцию ошибочно принимают за отрицание.

Нарушение сна. Люди рассказывают, что они либо вообще теряют сон, либо спят слишком много. Иногда одно состояние сменяется другим.

---

[23] В английском дословно: «Но если есть гнев, его нужно найти и завершить».

Нарушение режима питания. Некоторые полностью теряют аппетит, другие едят безостановочно, у третьих одно состояние сменяется другим.

Эмоциональные перепады. Скорбящие испытывают резкую смену настроения и сильные перепады чувств. В результате они физически и душевно истощены. К этому типу реакции мы подробнее вернемся чуть позже.

Эти реакции на потерю нормальные и естественные. Но их продолжительность у каждого своя. Мы не скажем, сколько они должны длиться. Не всякий их испытывает. И это не этапы.

У скорби нет этапов. Но люди всегда пытаются втиснуть себя в определенные рамки, которые им предлагают, особенно если их предлагают авторитетные люди: психотерапевт, пастор или врач.

Не позволяйте никому установить для вас какие-то временные рамки или разделить ваши чувства на этапы.

В скорби нет ничего «абсолютного». Не существует единой реакции, общей для всех или даже для большинства. Есть лишь одна непреложная истина: все взаимоотношения уникальны.

ВОЗМОЖНО ЛИ ПЕРЕЖИТЬ БОЛЬ УТРАТЫ?

Одна из самых опасных и неверных идей, что ты никогда «не сможешь пережить» случившееся. Это слышат родители, чей ребенок умер, или люди, перенесшие другую утрату. Они начинают искать информацию, которая подтверждала бы эту ложь и цепляться за чувства, которые ей соответствуют.

Если спросить: «Вы сможете забыть своего ребенка (супругу или родителя)?» Конечно же, нет! Но «не забыть» умершего почему-то путают с невозможностью «пережить» утрату. И эта ложь, словно ловушка, навсегда оставляет скорбящего с его болью, мешая хоть как-то оправиться от случившегося, и очень часто не дает вспоминать что-то хорошее, связанное с утраченными отношениями.

В январе мы разговаривали с женщиной, чья дочь совершила самоубийство в феврале несколькими годами ранее. Эта женщина сказала, что с приближением февраля она думает о дочери все больше и больше, и в основном возникающие мысли и чувства очень болезненны. Мы сопереживали[24] ей, прекрасно понимая, что чувства усиливаются с приближением годовщины трагедии. Когда она заговорила об отношениях с дочерью, ее глаза наполнились слезами. «Я всегда буду испытывать эту боль», — сказала она.

Большинство людей согласились бы с этим и пошли дальше. Но мы — нет. Я спросил ее, часто ли она тепло вспоминает о дочери. Она сказала: «Да». Мы спросили, как она чувствует себя в эти минуты. Она ответила: «Хорошо». Тогда мы спросили: «Когда вы вспоминаете приятные мгновения, связанные с дочерью, вам по-прежнему больно?» «Нет», — ответила она.

Тогда мы предложили ей не говорить, что она «всегда» будет испытывать боль. Вместо этого мы посоветовали ей описать свои чувства следующими словами: «Иногда, когда я вспоминаю страдания и смерть дочери, мне больно. Но когда я думаю, какими прекрасными качествами она обладала, я испытываю радость. Мне так приятно о ней рассказывать».

То, что говорят некоторые скорбящие и специалисты, и то, что мы читаем в публикациях, создают ложную картину: «Раз я ее не забыл, и раз воспоминания о ней вызывают во мне какие-то чувства, значит я не пережил боль утраты». Эта установка ограничивает скорбящего и лишает его полноценной жизни.

---

[24] Буквально «признали истинность ее чувств».

КОГДА МОЖНО ПРИСТУПИТЬ К ВОССТАНОВЛЕНИЮ?

Ранее мы упоминали, что скорбящим трудно сосредоточиться, и для них характерна потеря чувствительности. Несмотря на это, они готовы *рассказать об обстоятельствах смерти близкого или других потерь* и *переосмыслить утраченные отношения*. Переосмысление происходит в случае любой утраты. Следовательно, к восстановлению можно приступить почти сразу. Можно легко начать применять принципы, изложенные в этой книге, к процессу переосмысления и обнаружить множество невысказанных мыслей и чувств. Даже в самых любящих и полноценных отношениях есть некоторая незавершенность.

Вследствие утраты наши воспоминания очень точны. Это идеальная возможность многое вспомнить. Скорбящие нуждаются в общении и хотят говорить о своей утрате. В обществе принято устраивать поминки после похорон. Люди часто делятся хорошими и плохими воспоминаниями об отношениях и событиях в случае развода, выхода на пенсию, смерти домашнего питомца, потери работы или других перемен в жизни.

Говорить об утрате и об отношениях хорошо, но обычно недостаточно, чтобы прийти к чувству завершенности. Нам нужно предпринять ряд дополнительных шагов, чтобы отпустить[25] боль, которую мы обнаруживаем, рассказывая об утраченных отношениях.

Печальнее всего, когда люди, подавшие заявку на участие в наших семинарах или программах, так и не появляются. Иногда кто-то звонит, чтобы отказаться от участия, со словами: «Мой психолог сказал, что я еще не готов работать над своей скорбью».

Вот два вопроса, ответы на которые вам ясно подскажут, когда приступить к восстановлению.

---

[25] Буквально «завершить».

1. Если вы упали, сильно поранили ногу, и у вас бежит кровь, обратитесь ли вы сразу к врачу? Очевидный ответ — да.
2. Если вы ранены душевно в результате каких-то обстоятельств или событий, обратитесь ли вы сразу за помощью или позволите свой душе «истечь кровью»? Выберите свой вариант ответа.

Может ли быть «слишком рано» для восстановления? Нет. Первые десять лет своей работы мы разъясняли распорядителям похорон, сотрудникам кладбищ и священникам, как можно оказать скорбящим более эффективную помощь. Очевидно, они делают это сразу после случившсгося. *Для восстановления не может быть «слишком рано».*

САМОУБИЙСТВО, УБИЙСТВО, СПИД И ДРУГИЕ ТРАГИЧЕСКИЕ СОБЫТИЯ

Одна из самых больших проблем для скорбящих — это эмоциональная замкнутость. А сосредоточенность на причинах утраты — самоубийстве, убийстве, СПИДе или других трагических событиях — ее усугубляют.

Скорбь вызывает массу чувств. А сколько дополнительных эмоций порождают причины смерти близкого. Если любимый человек погиб в результате трагедии, нас захлестнет буря эмоций по поводу несправедливости случившегося. Осознав, что на нас влияют обстоятельства смерти, мы должны задать себе два важных вопроса, которые открывают нам важные истины.

Первый достаточно болезненный: я бы меньше скучал по своему любимому человеку, если бы он умер при других обстоятельствах? Ответ всегда «нет».

И второй: что в результате этой смерти остается для меня незавершенным?

Чуть выше мы говорили, что гнев и отрицание — неверные характеристики состояния скорбящего. Выражение «всё закончилось»[26] так же некорректно в данном случае. После вынесения приговора журналисты, тыкая в лицо пострадавшим камеры и микрофоны, спрашивают: «Суд огласил свое решение. Означает ли это для вас, что всё закончилось?». Ответ всегда «нет».

Вынесенный приговор может быть справедливым, а может быть и нет. Но после окончания суда вы всё еще остаетесь с чувством незавершенности в своих отношениях с любимым человеком, который умер. В лучшем случае судебный процесс приводит к закрытию дела, но не приносит чувства завершенности[27].

Мы встречали людей, для которых борьба с обстоятельствами, приведшими к смерти возлюбленных, становилась делом их жизни. И в этом нет ничего плохого. Мы все, как общество, только выигрываем от повышенного чувства социальной ответственности, которое приводит к изменениям в законах, к повышению качества медицинских услуг и к другим изменениям. Наша жизнь становится лучше благодаря неутомимым трудам реформаторов. Но, к сожалению, многие из них так и не достигают чувства завершенности в отношениях с погибшими. Все эти битвы требуют колоссальных затрат энергии и постоянно отвлекают пострадавших от самого главного — от их непережитого горя.

У некоторых из вас есть весомые причины обратиться в суд вследствие насильственной смерти любимого человека или жестокого с ним обращения. Но мы хотим побудить вас прежде предпринять шаги к восстановлению. Чувство завершенности, к которому вы придете, поможет вам действовать более эффективно. У вас будет больше сил. И, что важнее, у вас не

---

[26] В оригинале это предложение звучит так: Closure is another unhelpful and inaccurate word.

[27] В этих предложениях в английском используется игра слов. «Закрыть дело» и «прийти к чувству завершенности» звучит как complete the crime и become emotionally complete.

будет иллюзий, что судебное разбирательство исцелит вашу израненную душу.

И еще. Мы знаем, что люди, чьи близкие погибли в результате самоубийства, убийства или умерли от СПИДа, пережили смерть ребенка или развод, объединяются в группы. Скорбящие и так изолируются от общества, а такое деление по типу утрат усугубляет их изолированность. Безусловно, мы признаем, что встречи с пережившими то же, что и вы, имеют свои преимущества. Но, опираясь на свой практический опыт, мы глубоко убеждены:

Все отношения уникальны. Поэтому каждый восстанавливается по-своему.

Объединение людей в группы по типам утрат никак не помогает им справиться с болью.

Общение с пережившими подобное может принести временное облегчение, но не поможет обрести полное утешение.

СЛОВО НА БУКВУ «В»

Часто со скорбью неверно связывают слово «вина». В нашем институте мы называем его словом на букву «в». Мы почти никогда не произносим его, общаясь со скорбящими, потому что оно редко когда применимо.

Обычно тяжелые беседы со скорбящими в нашем институте проходят следующим образом.

Скорбящий: Мой сын совершил самоубийство. Я чувствую себя очень виноватым.

Институт: Вы хотели причинить вред сыну?

Скорбящий: Нет. (*Так отвечают почти все.*)

Институт: Согласно определению, чувство вины возникает тогда, когда человек желает причинить другому вред.

Поскольку у вас такого намерения не было, давайте вернем это слово в словарь. Смерть сына и так причинила вам много боли, поэтому давайте не будем усугублять ее этим неверным словом, которое искажает ваши чувства.

Скорбящий: Вы так считаете? Я никогда об этом не думал.

Институт: Есть ли что-то в ваших отношениях, что могло бы сложиться *иначе, лучше* или чего могло бы быть *больше*?

Скорбящий: О, да.

И скорбящего словно прорывает: накопившиеся эмоции и мысли находят выход.

Редко когда люди действительно желали причинить вред. В этом случае устранить препятствия на пути к восстановлению[28] можно с помощью извинений.

ГОРЕВАТЬ — ЭТО НОРМАЛЬНО

Обычно смерть близких, развод и другие тяжелые потери случаются в нашей жизни не часто. Поэтому нам не знакомы чувства и мысли, которые следуют за подобными потрясениями. Столкнувшись с горем, мы пытаемся отыскать в памяти всё, что поможет нам как-то справиться с противоречивыми чувствами. Ранее мы уже упоминали о том, что большинству из нас привили неверные навыки душевного восстановления. Говоря об этом, мы не хотим никоим образом осудить общество, родителей или какие-либо учреждения или сказать, что одно поколение намеренно дезинформировало следующее. Мы считаем, что люди учат тому, что знают сами, и в большинстве случаев тому, чему их самих научили.

Если вы столкнулись с тем, что всё прочитанное по теме и оказанная поддержка не помогли вам оправиться[29] после утраты, это не потому, что с вами что-то не так, а потому, что существует недостаток верной информации. Если вы читаете

---

[28] В английском: completion.

[29] Буквально «восстановиться».

нашу книгу, это значит, ваше сердце открыто. Это значит, что вы готовы ступить на путь восстановления, которое изменит вашу жизнь к лучшему, а не ограничит ее. Вы читаете эту книгу не потому, что с вами что-то не так, а потому, что с вами всё в порядке.

3

Большинство из нас не умеет переживать утраты

Столкнувшись с тяжелой потерей, возможно, вы отчетливо осознали, что были не готовы к обрушившейся на вас лавине противоречивых чувств под названием «скорбь». То же самое можно сказать почти о каждом человеке в нашем обществе. Мы лучше подготовлены к небольшим неприятностям, чем к горю. Нас учат оказывать первую медицинскую помощь, но не учат справляться с болью, вызванной смертью близких, разводом и другими трагическими событиями.

Только задумайтесь: в школе вас учили оказывать первую помощь, в старших классах вы проходили курс техники безопасности. В США работает служба «911», куда можно позвонить в случае чрезвычайных ситуаций. Почти все мы в какой-то мере готовы помочь попавшим в автомобильную аварию. А учили ли вас когда-нибудь тому, как пережить скорбь?

На наш взгляд, странно, что мы все знаем, как помочь человеку, который сломал руку, но очень немногие из нас могут помочь скорбящему. Каждый год у восьми миллионов человек умирает кто-то из близких. Отношения более чем 45 % семейных пар заканчиваются разводом[30]. И это только зарегистрированные браки. Ежегодно миллионы пар разрывают свои отношения, и это причиняет боль не только им самим, но и их детям, родителям, родным и друзьям. Только в США ежегодно умирает 14 миллионов домашних питомцев. Если к этому прибавить миллионы людей, скорбящих из-за выхода на пенсию, потери работы, проблем со здоровьем, финансовых трудностей, то цифра ошеломляет.

НАС УЧАТ ПРИОБРЕТАТЬ, НО МЫ НЕ ЗНАЕМ, ЧТО ДЕЛАТЬ, КОГДА ЧТО-ТО ТЕРЯЕМ

В годы становления личности главный упор делается на то, чтобы научиться приобретать необходимое для успешной и счастливой жизни.

В раннем детстве мы пытаемся получить похвалу от родителей. Позже своим хорошим поведением стараемся заслужить игрушки на Рождество. Мы стремимся получить хорошие оценки в старших классах, чтобы снискать одобрение родителей и учителей. Мы делаем всё, чтобы выглядеть привлекательно в глазах сверстников и добиться их дружбы. Навык обретения продолжает закрепляться и во взрослой жизни. На этом построена вся индустрия рекламы: вы обретете счастье, если купите ту или иную вещь.

Мы учимся приобретать, но имеем весьма ограниченное представление о том, что делать, когда что-то теряем.

Потери неизбежны. Иногда даже предсказуемы. Несмотря на это нас никто не учит, как реагировать на события, которые обязательно произойдут, причинят нам боль и внесут хаос

---

[30] Статистика США.

в нашу жизнь. Нам даже советуют лучше об этом не думать[31] или, по крайней мере, не говорить. «Что случилось — то случилось». «Нужно жить дальше». «Не загружай людей своими чувствами». И так далее, и тому подобное.

Мы все обязательно столкнемся с несколькими серьезными потерями в жизни. И нам важно признать, что большая часть наших знаний о том, как иметь дело с чувством утраты, неверна. На самом деле, если бы мы не знали вообще ничего о том, как пережить горе, мы справились бы лучше. Большинство из нас переживают жизненные кризисы так, как их научили. И даже если бы мы вам доказали, что большинство ваших знаний бесполезны, скорее всего, столкнись вы с горем, вы реагировали бы так, как у вас давно заведено. Обычно мы одинаково выполняем одни и те же действия. В результате тот или иной способ действий закрепляется, то же самое относится и к эмоциональным реакциям. И это хорошо, потому что так вырабатываются привычки и навыки. Главное — научиться правильно[32] реагировать на утрату и закрепить этот способ, чтобы он стал привычным.

Чтобы выработать новый навык, нужно, во-первых, осознать в нем необходимость. Раз вы читаете эту книгу, вы, возможно, уже поняли, что вам необходимо обрести верные убеждения и полезные навыки, которые помогут вам справиться с горем. Во-вторых, нужно узнать, какие действия необходимо предпринять для их формирования. Если говорить о том, как пережить скорбь, надо выявить убеждения, которые не помогают, и заменить их теми, которые помогают. В-третьих, нужно использовать их на практике, чтобы они могли закрепиться и стать привычными.

Продолжая читать эту книгу, вы обретете новые убеждения и научитесь применять их в жизни. Это необходимо, чтобы

---

[31] Дословно: «нам даже советуют об этом и не узнавать».

[32] Здесь авторы говорят не о том, что реакция может быть правильной или неправильной, а о том, что одни реакции помогают нам справиться с горем, а другие — нет.

прийти к чувству завершенности и отпустить боль потери[33]. К концу книги вы сумеете выработать полезные навыки, которые помогут лучше справляться с болью утрат и разочарованиями, которые случаются в жизни.

КАКИЕ МИФЫ О ГОРЕ НАМ ВНУШИЛИ

Прежде чем мы начнем говорить о том, что такое восстановление, важно понять, чем оно не является. Мы должны ясно осознать, зачем нам нужно научиться иначе переживать горе. Для начала надо осмыслить, как мы пытались справиться с горем в прошлом. В качестве иллюстраций мы используем истории утрат Джона и Рассела.

Джон первый раз столкнулся с потерей в пять лет.

У нас была собака. Она привязалась ко мне, как только меня принесли из роддома. Когда я научился ползать, я стал таскать ее за хвост, а она терпела. Собака ходила за мной по пятам. Когда я подрос, я учил ее команде «апорт». (До сих пор не знаю, кто кому в результате приносил палку.) Каждую ночь собака залезала ко мне в кровать, что выводило маму из себя. Но мы с собакой не сдавались, и тогда сдалась мама. Однажды утром я ее окликнул, но она не двинулась с места. Я коснулся ее рукой — тело моего четвероногого друга было холодным. Я помню, как сильно испугался и позвал маму. Она сказала, что собака умерла. Наверняка мама пыталась объяснить мне, что такое смерть, но, скорее всего, не знала, как это сделать.

Следующие несколько дней Джон много плакал и в основном сидел у себя в комнате. «Родители не знали, как помочь», — вспоминает он. В конце концов, в полном отчаянии отец сказал: «Не плачь! В субботу мы купим тебе новую собаку».

---

[33] Дословно: «завершить боль, вызванную утратой».

Вроде бы, ничего особенного. Но давайте вдумаемся в сказанное. По сути, отец Джона сказал:

Не плачь...
Значит: не расстраивайся.

... в субботу мы купим тебе новую собаку.
Значит: найди замену.

Поскольку Джон верил своему отцу, у него начала формироваться определенная модель переживания горя. Он старался следовать совету отца и не расстраиваться. Для маленького мальчика, который хочет заслужить одобрение родителя, эта фраза, исходившая от самой авторитетной для него фигуры, имела огромное значение. Как объяснил Джон: «Я подумал: если так переживает смерть отец, значит, так же надо поступать и мне».

В субботу папа отвез сына в собачий питомник, и они купили новую собаку.

Я по-прежнему скучал по своей старой собаке, но никому об этом не говорил. Я думал, что мои чувства не одобрят. Прошло много времени, прежде чем я ее забыл. Но мне почему-то было сложно любить новую собаку так же сильно, как я любил прежнюю.

Возможно, Джон не смог полюбить нового питомца, потому что так и не обрел чувства завершенности по отношению к своему старому другу.

Мы учимся по-разному. Один из способов обучения — на чьем-то примере. В семье появляется ребенок. Первые годы он общается в основном с мамой и папой. Он смотрит на них и подражает им. Обычно в период от полутора до двух лет ребенок начинает говорить. С этого момента он не только наблюдает за своими родителями, но и понимает, что они говорят.

Когда Джону было 14 лет, он первый раз влюбился. Скорее всего, это была детская влюбленность, но ему казалось, что это самое настоящее сильное чувство.

Это было прекрасно. Я постоянно был занят мыслями о ней. Я не мог ни есть, ни спать. Птицы пели для меня! Я слушал песни о любви по радио и меньше времени проводил с друзьями.

Когда мы расстались, мой мир рухнул. Я переживал серьезную утрату. Целыми днями я бродил по дому, как раненая утка.

В конце концов, маме стало сложно это терпеть, и она сказала: «Не расстраивайся. Вокруг полно девчонок».

К тому времени Джон уже ясно понимал, что нужно делать, когда кого-то теряешь. Он шел по жизни, вооруженный следующими знаниями о том, как справиться с болью потери:

1. Не расстраивайся.
2. Найди замену.

У Рассела были похожие воспоминания из детства. Он слышал фразы «не расстраивайся» и «найди замену» в схожих обстоятельствах.

Но Рассел не мог «не расстраиваться», когда он был расстроен. Любая утрата всегда сильно его огорчала. Видя его печаль и слезы, родители частенько говорили: «Если хочешь поплакать, иди в свою комнату».

Расселу было трудно скрывать свои чувства. Однажды он попытался поговорить о своей печали с мамой. Но она сказала:

«Смейся — и весь мир будет смеяться с тобой. Заплачешь — будешь плакать в одиночестве». Так больно осознавать, что, когда тебе грустно и так нужно чье-то сопереживание и сочувствие, тебе говорят «справляйся сам».

Значит: горюй в одиночестве.

Было бы уже достаточно грустно, если бы на этом всё и закончилось: ребенка не поняли и его чувствами пренебрегли. Но, к сожалению, это неверное отношение становится основой привычек, которые человек проносит через всю жизнь и которые мешают ему быть счастливым[34]. Рассел вспоминает, как часто после ссоры с первой, а потом и со второй женой он выбегал из дома, садился за руль и бесцельно катался по округе. Его машина стала «комнатой» из детства. «Горевать в одиночестве» стало его устоявшейся привычкой.

Поскольку большинство из нас были воспитаны так же, как Джон и Рассел, мы обычно считаем, что это правильно «уединяться» или «горевать в одиночестве». И из этого мы делаем трагичный вывод: если я должен «горевать в одиночестве», значит должен и ты. И тогда, когда наш друг или подруга переживает горе утраты, мы часто говорим: «Дайте ей побыть одной» или «Его нужно оставить в покое».

Всё, что произошло с Джоном после смерти дедушки, показывает глубину укоренившегося в обществе убеждения о том, что надо горевать одному.

В 1958 году умер мой дедушка. Он был мне очень дорог. Наверное, он был мне ближе, чем отец в то время. Каждое лето я жил у него на ферме. Он научил меня ловить рыбу, охотиться и первым начал учить меня играть в бейсбол. Когда мне сказали, что он умер, я был на уроке (я учился тогда в старших классах). Я помню, как вдруг оцепенел и словно впал в про-

---

[34] Дословно: «напрямую влияют на его способность быть счастливым».

страцию. Через несколько минут я начал плакать, и, наверное, все стали чувствовать себя неуютно. Поэтому меня отослали в кабинет директора, чтобы я мог побыть один.

Поскольку они не знали, что делать, они отправили Джона туда, где он мог побыть в одиночестве.

Я снова предположил, что взрослые точно знают, что делают. Убеждение о том, что переживать боль нужно в одиночестве, еще больше укоренилось, когда я пришел вечером домой. Мама сидела в гостиной, опустив голову, и, очевидно, плакала... Когда я ее увидел, я хотел подойти к ней и вместе поплакать. Но папа и дядя не пустили меня, сказав: «Не трогай маму. Ей скоро станет лучше».

Теперь в арсенале Джона и Рассела было три убеждения о том, как пережить утрату.

1. Не расстраивайся.
2. Найди замену.
3. Горюй в одиночестве.

Ни одно из них не помогло ни Джону, ни Расселу.

Пока Джон переживал смерть дедушки в Иллинойсе, Рассел проходил сложные подростковые времена во Флориде.

Переживая каждую очередную потерю, Рассел наталкивался на эти бесполезные убеждения, которые не приносили утешения. И его жизнь становилась все более неприглядной и печальной. Каждый раз, испытывая боль, он пытался «не расстраиваться» и «горевать в одиночестве». Но однажды понял, что больше никогда не будет счастлив.

В отчаянии он пошел к маме и сказал, что ему трудно справиться с беспокоящими его мыслями и чувствами. Она посмотрела на него с любовью и сказала: «Время лечит».

Значит: пусть пройдет время.

У Рассела не было сомнений в том, что мама его любит. И у нее не было намерения причинить сыну вред. Она попросту передала ему то, чему ее саму когда-то научили.

В 1972 году Рассел и его первая жена Вивьен развелись. Рассел был опустошен. Он ходил, как пьяный. Обычно разговорчивый и активный, он почти перестал с кем-либо общаться. По идее, он не должен был расстраиваться, но он расстраивался, он был раздавлен. Он чувствовал себя ужасно. Так как его научили переживать горе в одиночестве, Рассел проводил много времени в уединении.

Ранняя установка «найди замену» была укреплена советом сочувствующих друзей начать встречаться с девушками. Ему было плохо, и он не видел смысла начинать какие-то отношения. В то же время ему напомнили, что «время лечит». Эти две идеи противоречили друг другу: если замена потери должна была ему помочь, тогда не нужно было ждать, пока время исцелит. С другой стороны, если время должно было его вылечить, тогда, может быть, не стоило спешить искать замену?

Идея «время лечит» причинила, пожалуй, больше несчастий, чем любая другая идея, бытующая в нашем обществе. Самое ужасное в том, что это неправда. Но эта ложь, среди прочих, успешно передается из поколения в поколение.

Ошибочная идея о том, что якобы спустя какое-то время что-то волшебным образом переменится в нас, и мы вдруг почувствуем себя хорошо, противоречит здравому смыслу. Когда мы испытываем физическую боль, никто не скажет нам: «Пусть пройдет время».

Проходя мимо человека со сломанной рукой, мы не скажем: «Пусть пройдет время». Чтобы сломанная кость правильно срослась, ее надо поставить на место. Тот же принцип применим и к *душевным ранам*.

Мы все знаем множество людей, которые живут с болью в сердце отчасти из-за того, что ждут, пока время их исцелит. К сожалению, они верят, что это правда. Люди годами живут с убеждением, что пройдет достаточно времени, и они будут снова хорошо себя чувствовать. Некоторые из вас, читающих эту книгу, уже знают, что это не правда.

На одном семинаре мы попросили поднять руки тех, кому по-прежнему причиняет боль смерть близкого или развод, произошедшие более 20 лет назад. Как и ожидалось, многие подняли руки. Они все верили, что со временем боль утихнет[35]. Мы спросили одну женщину, не слишком ли долго она ждет исцеления? Она ответила, как отвечают многие: «Да, 20 лет — это слишком долго, но я не знаю, что еще можно сделать». Можете ли вы представить себе ее боль и разочарование? Эти тщетные годы ожидания в надежде почувствовать облегчение...

Чтобы продемонстрировать абсурдность этой идеи, мы задаем такой вопрос. Если бы вы обнаружили, что у вас проколота шина, неужели бы вы вытащили стул из багажника, сели рядом с машиной и стали ждать, пока каким-то образом шина снова наполнится воздухом? Глупо, ведь правда?

Время само по себе не лечит. То, что вы *делаете* в течение времени, помогает вам отпустить боль утраты[36].

Давайте подытожим. Вот, что Джон и Рассел усвоили о скорби:

1. Не расстраивайся.
2. Найди замену.
3. Горюй в одиночестве.
4. Время лечит.

В 1957 году умерла бабушка Рассела. Они жили вместе с тех пор, как мама мальчика вернулась на работу после декретного

---

[35] Дословно: «что время позаботится об их боли».
[36] Дословно: «помогает завершить боль, вызванную утратой».

отпуска. Именно бабушка заботилась о маленьком братике Расселa, который на 10 лет младше его. У Рассела никогда не было близких отношений с бабушкой. Иногда он чувствовал, что она его недолюбливала. Тогда у них нельзя было плохо отзываться о членах семьи — ведь, как говаривали, «кровь гуще водицы».

Рассел вспоминает, как они собрались семьей после смерти бабушки. Он помнит, как ему сказали: «Нам нужно быть сильными ради твоего братика».

Значит: будь сильным ради других.

Как именно это делать — никто не объяснил. «Будь сильным ради других» — одна из тех фраз, которые звучат красиво, но не имеют смысла. Много лет спустя, когда Рассел развелся с первой женой, в его голове прозвучало: «Будь сильным ради других». Это одна из нескольких установок, которые были у него припасены на случай, если вдруг он столкнется с горем. Рассел сразу же понял, что понятия не имеет, как это убеждение применимо к разводу. Он совершенно не понимал, что теперь делать, ведь он и был тем «другим».

За 20 с лишнем лет работы со скорбящими фразы «будь сильным» и «будь сильным ради других» вошли в десятку установок, которые больше всего сбивают с толку, потому что они невыполнимы.

Итак, в распоряжении у Джона и Рассела были уже пять неверных убеждений:

1.   Не расстраивайся.
2.   Найди замену.
3.   Горюй в одиночестве.
4.   Время лечит.
5.   Будь сильным ради других.

В мире бытует множество убеждений, которые бесполезны для скорбящего. Вам, возможно, хорошо знакомы те, что перечислены выше. Может быть, не слово в слово — но идеи, которые они в себе несут, знакомы, пожалуй, большинству из нас. Следующая установка тоже настолько распространена, что люди верят в ее истинность и правомерность. Увы!

«Найди для себя какое-нибудь занятие» — мы все слышали эту избитую фразу, когда переживали горе.

Значит: займи себя чем-то.

Вот важный вопрос: разве занятость помогает разобраться с болью потери[37]? Очевидно, нет. Тогда зачем быть занятым? Чтобы отвлечься. Так дни пролетают незаметно.

Мы просто-напросто хороним боль потери под лавиной повседневных дел. Каждый скорбящий, с которым мы общались, говорил: «Как бы я ни был занят, в конце дня в моем сердце всё равно зияла пустота».

Помимо того, что постоянная занятость изматывает, в ней таятся и другие опасности. В одной из предыдущих глав мы сказали, что горе вызывает «противоречивые чувства вследствие прекращения или изменения привычного образа жизни». Смерть, развод или любая другая значимая утрата вносит огромные изменения в привычный уклад жизни. К этим изменениям и так очень тяжело приспособиться. А если вы никогда до этого не были активным человеком, необходимость быть постоянно чем-то занятым становится еще одной значимой переменой в жизни.

Самое опасное в постоянной занятости — это надежда, что в результате вам станет лучше. Активность отвлекает. А чтобы пережить боль потери[38], вам нужно предпринять определенные действия. Мы тысячи раз слышали жалобу: «Не понимаю. Я всё время чем-то занят, но мне становится хуже, а не лучше».

[37] Буквально «обнаружить и завершить боль потери».
[38] Дословно: «завершить боль, вызванную потерей».

Джон, Расселл и, возможно, многие из вас вышли в жизнь с несколькими ложными представлениями о том, как надо справляться с утратой. Мы определили шесть из них:

1. Не расстраивайся.
2. Найди замену.
3. Горюй в одиночестве.
4. Время лечит.
5. Будь сильным ради других.
6. Займи себя чем-то.

Ни одна из этих установок не способствует тому, чтобы обнаружить незавершенные чувства, которые накапливаются в любых отношениях, и завершить их.

ПЕРВЫЙ ШАГ К ВОССТАНОВЛЕНИЮ[39]

Чуть выше мы говорили о том, что скобящим часто советуют переживать горе в одиночестве. Возможно, вы так и поступали. Раз проблема одиночества — одна из тех, с которыми сталкиваются скорбящие в нашем обществе, тогда взаимодействие — очевидный путь к ее решению.

Мы хотим вдохновить вас принять участие в своем восстановлении и предлагаем приступить прямо сейчас. Отталкиваясь от выше приведенного списка из шести ложных представлений, попробуйте вспомнить, какие убеждения о том, как надо справляться с негативно окрашенными и болезненными чувствами, были навязаны вам.

ПОТЕРЯ ДОВЕРИЯ

Это нормально и естественно — печалиться, когда происходит печальное событие. Но каждый раз, выражая свои есте-

---

[39] Дословно: «участие в своем восстановлении».

ственные чувства, мы сталкиваемся с ложными идеями из вышеприведенного списка. И обычно они начинаются словами: «Не расстраивайся».

Джон и Рассел много раз делились своей болью с родителями, учителями, тренерами и другими людьми, но в ответ слышали разумные доводы. Получив множество бесполезных ответов, они начали терять доверие к людям. И даже несмотря на то, что первый раз они испытали недоверие после общения с родителем или другим значимым человеком, в конце концов, оно проникло во все их отношения.

Отец Джона был алкоголиком. Когда он напивался, он наказывал Джона за то, в чем тот не был виновен.

Я говорил ему, что я не виноват, но он не верил мне и всё равно наказывал. Это было так несправедливо, и я перестал ему доверять.

Но поскольку Джон не отдал себе в этом отчета и не имел с этим дело, он стал с подозрением относиться ко всем взрослым. Он меньше доверял людям и всё время был начеку. Подозрительность мешала ему жить полной свободной жизнью и сузила круг его общения. Он настороженно относился ко всем людям, облеченным какой-либо властью.

«Я не утверждаю, что это было правильно — перестать доверять всем». Терять доверие было больно, поэтому, чтобы не испытывать больше боли, Джон нашел для себя выход — *не доверять никому.*

После расставания с первой подругой ему стало сложно верить девушкам, с которыми он встречался. Он был нерешительным и осторожным, так как не хотел, чтобы ему вновь причинили боль. С таким настроем сложно радоваться жизни. Мы знаем много людей, которым трудно начать новые отношения, потому что они боятся пережить еще одну потерю.

Большинство из вас побудило купить эту книгу ощущение незавершенности, которое осталось после смерти близкого человека, развода или другой утраты. Или, может быть, вам дал почитать эту книгу заботливый друг или родственник.

Возможно, читая книгу и предпринимая действия, которые ведут к восстановлению, вы вдруг осознаете, что всё меньше нам доверяете. Мы не можем заставить вас чувствовать себя иначе. Мы можем только предположить, что нам знакомы эти чувства. Мы тоже ни с кем не чувствовали себя в безопасности. От нас так часто ожидали, что мы перестанем испытывать эмоции и станем рассуждать здраво, что мы уже начали думать, что с нами что-то не так. Пожалуйста, продолжайте читать, даже если сейчас вы не питаете к нам полного доверия.

КАК РАБОТАЕТ НАШ МОЗГ: ПОВТОРЕНИЕ ФОРМИРУЕТ ПРИВЫЧКИ

Почему же мы так настойчиво используем информацию, которая нам не помогает?

Чтобы это понять, нужно кое-что узнать о «компьютере» под названием «мозг».

Первое: у мозга есть доступ только к тому, что он узнал. Он не может воспользоваться незнакомыми сведениями. Если вам предоставили только ложную информацию, то это всё, к чему у вас есть доступ. Второе: вся информация хранится с пометкой о степени важности. Чем важнее для нас источник информации, тем сильнее мы верим в ее достоверность. Большую часть знаний о том, как справляться с потерями, Джон и Рассел почерпнули у родителей. Для ребенка родители — очень важный источник информации. Третье: наш разум безоговорочно верит в *верность* хранимой в нем информации. Именно поэтому люди так критично настроены друг к другу. Если ты считаешь себя правым, а другие с тобой не согласны, то они ошибаются!

Именно поэтому мы настойчиво используем неверную информацию, стараясь разобраться с чувствами, вызванными утратой. Мы верим в то, что наши знания верны. Но раз вы обратились к этой книге, значит предпринятые вами действия не принесли желаемого облегчения и душевного благополучия.

Если вы предположите, что руководствовались неверными убеждениями, то сможете допустить, что с верными идеями достигнете иного результата. Мы предоставим вам верную информацию, которая поможет обнаружить и завершить незавершенное в отношениях с теми, кто жив или умер. А вам надо будет применить ее и продолжать ею пользоваться.

4

Окружающие не готовы помочь нам пережить утрату

Когда вы читали третью главу, наверное, что-то показалось вам очень знакомым. Возможно, вы вспомнили то, что слышали и видели в детстве — то, из чего сформировалось ваше неправильное представление о переживании утраты. Почти каждый в нашем обществе хранит в своем «компьютере» разума какую-то неправильную и бесполезную информацию.

Для тех, кто столкнулся с горем, вполне естественно искать утешения у окружающих. Это здоровая реакция. Но очень скоро они понимают, что друзья и приятели не способны помочь. Часто, имея даже самые добрые намерения, люди говорят что-то неуместное.

ОНИ НЕ ЗНАЮТ, ЧТО СКАЗАТЬ

Давайте начнем с одной из самых распространенных фраз, которые слышат скорбящие. С чем бы вы ни столкнулись: со смертью близкого, разводом или какой-то другой тяжелой утратой — вам наверняка говорили: «Я понимаю, что ты чувствуешь». Так люди хотят проявить сострадание и утешить.

Многие скорбящие рассказывают, что никакого утешения эти слова не приносят. Но если их произносят с добрыми намерениями, почему они так не нравятся скорбящим? Ответ кроется в основополагающей истине о скорби и восстановлении скорбящего:

Все отношения без исключения уникальны!

Поэтому никто не может знать, как вы себя чувствуете.

Даже самый доброжелательный друг, который переживает подобную потерю, не знает, каково вам. То, что он столкнулся с таким же горем — просто факт, который не означает, что в душе вы переживаете одно и то же. И никак не отражает уникальность ваших отношений. То, что у меня и у тебя умерла мама, всего лишь означает, что у нас в жизни произошли одинаковые события. Данный факт ничем не отличается от того, что у нас один размер обуви — эти факты равнозначны. Мы намеренно привели такое грубое сравнение. Нам нужно перестать проводить какую-либо взаимосвязь между событиями, за которыми скрываются людские чувства. Потому что чувства гораздо важнее.

Например, если у тебя были теплые и близкие отношения с мамой, а у нас с мамой было много конфликтов, противоречий и боли, действительно ли ты «знаешь», как я себя чувствую?

Давайте повторим:

Все отношения без исключения уникальны!

Если вы усвоите и примете эту простую истину, то встанете на путь восстановления. Восстановиться — значит «обнаружить и завершить» незавершенное в ваших уникальных отношениях.

Подавляющее большинство людей, желающих нам помочь, так и не смогли по-настоящему оправиться от своего горя. Поэтому они невольно побуждают нас *делать вид, будто мы исцелились* — так ведут себя они. Это явление настолько распространено в нашем обществе, что мы решили посвятить ему всю следующую главу.

ОНИ БОЯТСЯ НАШИХ ЧУВСТВ

Общество учит нас с самого раннего возраста, что печалиться, испытывать болезненные или другие негативно окрашенные чувства, а также проявлять их на людях «неприлично». Всё начинается с увещеваний: «Большие мальчики и девочки не плачут». Некоторые из нас даже слышали: «А ну, прекрати плакать по мелочам, иначе у тебя сейчас действительно появится причина поплакать».

Мы совершенно не хотим убедить вас в том, что родители нечувствительны — это не так. Они просто передают детям то, чему их самих научили. А им внушили, что печалиться, испытывать боль и другие негативно окрашенные чувства и проявлять их неприлично.

«Плакса! Плакса!» — доносится с детских площадок как доказательство того, что мы усвоили эти «истины» уже к годам четырем-пяти.

Вот небольшой список фраз, которые мы слышим чуть ли не ежедневно. Они говорят о том, что люди испытывают страх при виде наших эмоций.

«Соберись».
«Не раскисай».
«Выше нос».
«Возьми себя в руки».

Все мы смущаемся при виде чьих-то болезненных эмоций. И это закрепляет в нас страх проявлять естественные чувства, которые возникают при утрате.

ОНИ ПЫТАЮТСЯ СМЕНИТЬ ТЕМУ

Возможно, порой вам хотелось рассказать другу о своих чувствах, которые вызвало значимое для вас событие. И, скорее всего, вы помните, как, послушав вас какое-то время, он сказал: «Это ужасно! Слушай, а ты знаешь, что творится на фондовой бирже?»

Из этого, вполне типичного примера, всё же неясно, что происходит на самом деле. Давайте приведем еще один пример и рассмотрим его повнимательнее.

Человек, у которого недавно умерла мама, пытается поговорить со своим другом:

Друг: Как у тебя дела?
Скорбящий: Душа болит. Я так по ней скучаю.
Друг: Не расстраивайся. Она больше не страдает.

Вы заметили, как ловко друг сменил тему? Плохо скорбящему, а друг перевел разговор на умершую. То есть раз тот, кого ты любил, больше не страдает, значит не должен и ты.

Важно заметить, что друг действует не лучше и не хуже большинства людей. Другу с детства привили те же ложные представления, что и нам. И он с любовью делает то, чему был научен.

Это стремление сменить тему разговора было ярко отображено на одном из американских каналов в программе, посвященной теме скорби из-за смерти домашних питомцев. Программа была прекрасная, очень чуткая по отношению к тем, кто потерял своих любимцев. После очередного сюжета камера вернулась к ведущей, в глазах которой заблестели слезы. И прямо перед рекламой она произнесла: «Прежде чем я расплачусь, давайте сменим тему».

С экранов телевизоров ясно прозвучала мысль: показывать свои чувства — неприемлемо. Другими словами, «чтобы справиться с чувствами, нужно сменить тему».

ОНИ ДЕЛАЮТ УМОЗАКЛЮЧЕНИЯ

Опасно и совершенно бесполезно взывать к разуму скорбящего, когда его переполняют болезненные чувства. Скорбь — это реакция на утрату. Человек воспринимает разумом причины потери, но его реакция продиктована чувствами.

Мы не говорим, что разум в подобных ситуациях бесполезен. Но где написано, что невозможно задействовать одновременно разум и чувства, когда это необходимо? Одно из великих человеческих дарований — способность проявлять чувства и говорить о них. Хотя общество, похоже, оценивает эту способность отрицательно.

Привычка опираться на разум, пренебрегая чувствами, достигла размахов эпидемии — особенно когда человек переживает горе. Одна из причин в том, что наши любимые умирают не каждый день. Если верить статистике, у каждого из нас кто-то умирает каждые 9—13 лет. Мы сталкиваемся с горем крайне редко (даже если учитывать другие значительные потери), поэтому так и не можем усвоить необходимые навыки переживания скорби. Из-за того, что нам не хватает верных знаний, мы продолжаем пользоваться неверными. И потому так и не можем до конца оправиться от горя. Нет ничего удивительного, что люди пытаются разрешить душевную боль с помощью разума. Ведь ум задействован при решении множества проблем каждый день, и мы хорошо в этом понаторели.

Согласно опросам, которые мы проводим на наших семинарах, скорбящие слышат в среднем от четырех из пяти людей, что им не надо разбираться со своими чувствами. Люди обычно взывают к их разуму. Исследователи изучили значения высказываний, которые обычно говорят скорбящим сразу после трагедии. Многие из них настолько на слуху, что их легко перечислить. Эти комментарии можно разделить на две группы: 1) те, которые помогают и 2) те, которые не помогают. Бесполезные комментарии произносятся из лучших побуждений, но они всегда обращены к разуму или содержат совет, которому трудно или опасно следовать. Например:

«Будь благодарен, что у тебя есть еще один сын».

«Надо продолжать жить».

«Он сейчас в лучшем месте».

«Всё бренно».

«Она прожила хорошую жизнь».

«Ты найдешь кого-то еще».

«Бог никогда не дает испытания выше сил».

«Будь благодарен за то, что вы прожили вместе так много лет».

Когда нас, Джона и Рассела, постигло горе, мы услышали все эти слова. Поскольку переживающий утрату испытывает сильную эмоциональную боль, эти фразы, обращенные к разуму, совершенно неуместны. Подобные комментарии от сочувствующих друзей слышат и те, кто пережил развод или другие тяжелые события в жизни.

НАС НЕ СЛЫШАТ

Давайте не будем ограничиваться комментариями, которые слышат те, кто пережил смерть любимого человека или развод. Следующий пример послужит яркой иллюстрацией того, как неверно люди реагируют на естественные чувства. Одна из наших подруг организовывала вечеринку. Ее дочь-подросток Мэри пригласила трех своих лучших подруг. Но за несколько минут до начала праздника один за другим раздались телефонные звонки — звонили подруги. Они сказали, что у них изменились планы, и они не придут. Мэри была очень расстроена. Она подошла к маме и рассказала, что произошло. Мама ответила: «Не расстраивайся. На вечеринке будет много интересных людей, с которыми ты классно проведешь время». Вы помните, когда умерла собака Джона, а потом его дедушка, первое, что он услышал, было: «Не расстраивайся». И вот опять — «не чувствуй себя так, как ты себя чувствуешь, потому что печаль, боль и другие негативно окрашенные чувства не хороши. Ты должна чувствовать себя иначе и быть позитивно настроенной[40]».

К счастью, рядом стоял их близкий друг. Мэри решила попытать счастья еще раз в надежде, что кто-то все же ее услышит. Она рассказала другу о том, что произошло. Он выслушал ее и ответил: «Да уж... Ты, наверное, *так* разочарована». «Да», — всхлипнула девушка. Он обнял ее. «Спасибо, что выслушал», — сказала Мэри и пошла к себе, чтобы вытереть слезы. А затем она наслаждалась вечеринкой. Но *прежде* ее чувства были услышаны.

Скорбящим нужно, чтобы их *слышали*, а не исправляли. В этой истории друг семьи ничего не исправил. Он просто услышал, какие чувства испытывает девочка. А Мэри именно в этом и нуждалась. После она уже сама была способна взять себя в руки и принять решение — что является действием разума — наслаждаться праздником, хотя всё было не так, как она себе представляла. Когда скорбящего слышат, это в какой-то мере способствует его восстановлению.

---

[40] Дословно: «ты должна испытывать более приемлемое чувство, более позитивное».

ОНИ НЕ ХОТЯТ ГОВОРИТЬ О СМЕРТИ

Еще одна форма отвлечения от темы — как люди говорят или не говорят о смерти. Мы до такой степени избегаем подобных разговоров, что некоторые из нас даже не произносят слово «смерть». Задумайтесь над следующими выражениями:

Она скончалась.
Он уснул вечным сном.
Папы больше нет.
Он отошел в мир иной.
Мы потеряли маму.

Представьте, как всё это звучит для маленького ребенка, который ожидает, что ему скажут правду.

— Что случилось с дедушкой?
— Он уснул.

Ребенок смотрит на дедушку в гробу и понимает — что-то в этом ответе не так. Он смущен, но предполагает, что ему говорят правду. «Значит, уснуть можно по-разному», — думает он и следующие полгода боится спать по ночам.

Как ни прискорбно, но, общаясь с детьми, взрослые умудрились даже запятнать репутацию Бога.

— Что случилось с папой?
— Бог позвал его домой.

Следующие несколько лет ребенок расстроен и не знает, что думать о Боге. Разве не лучше было бы маме сказать: «Твой папа умер. Но я верю, что после смерти он отправился к Богу».

Когда мы говорим о смерти с детьми, лучше избегать любых метафор. Развивающийся детский разум не всегда умеет сопоставить реальность с метафорическими образами.

ЗАБЛУЖДЕНИЯ СПЕЦИАЛИСТОВ

Наши представления влияют на наши чувства. Ложные представления ведут нас в неверном направлении. Пожалуй, больше всего заблуждений сосредоточено вокруг темы горя. И в своих заблуждениях люди доходят до того, что предпочитают заменять слова «горе» и «скорбь» другими, менее точными словами, которые сбивают с толку.

Когда человек утрачивает что-то значимое для него, он скорбит. В этом состоянии человек переживает целый спектр естественных чувств. Когда этому переживанию дают неверное определение, скорбящий невольно направляется по иному пути, он отклоняется от естественного порядка чувств и действий, которые могли бы привести его к восстановлению. Скорбь — это нормальная реакция на потерю. Сама по себе скорбь не является патологическим состоянием или расстройством личности. Тем не менее, его обозначают следующими терминами: давление, срыв, стресс, ПТС (посттравматический синдром), или СДВ (синдром дефицита внимания) — и это только некоторые из них. Действительно, есть состояния, которые эти термины обозначают. Но термины становятся опасными и вводят в заблуждение, когда используются неверно.

Пожалуй, чаще всего злоупотребляют и неверно понимают слово «депрессия». К огромному сожалению, неверное использование лишь одного этого слова привело к тому, что переживающие утрату начали повально употреблять лекарственные средства.

Мы хотим, чтобы эта книга была полезна, но не хотим превращать ее в учебник. Поэтому попытаемся как можно проще пояснить, что мы имеем в виду. Если опираться на значение термина, принятое в психологии и психиатрии, клиническая депрессия сопровождается многими симптомами, о которых рассказывают скорбящие, пережившие смерть близкого или развод. Когда скорбящий говорит, что испытывает «депрессию», обычно он имеет в виду «подавленное состояние и упадок сил». Давайте представим, что у кого-то умер супруг в достаточно молодом возрасте. Разве упадок сил не будет естественным ответом организма на произошедшее? Разве угнетенное состояние не есть закономерность для человека, пытающегося адаптироваться к новой, болезненной и незнакомой для него действительности? Мы думаем, что да.

Многие привыкли искать медицинскую помощь для решения проблем не медицинского характера. Это может быть опасно. Лечение состояния скорби психотропными средствами может подавить естественную реакцию. Упрятанные таким образом чувства потом тяжело будет вытащить наружу.

Бесспорно, лекарства могут в каком-то смысле улучшить состояние. В некоторых обстоятельствах использование психотропных препаратов в небольших дозах может принести кратковременное облегчение. Опасность в том, что такое лечение часто сопровождается иллюзией, что вы справились с болью и с вами уже все хорошо. Эта иллюзия может привести к продолжительной зависимости от лекарств.

Возможно, вы подвергаетесь серьезному давлению со стороны врачей, психологов и родных, которые настаивают на том, чтобы вы начали принимать лекарства. Помните о том, что их воспитывали в том же самом обществе, которое учит нас справляться с чувствами с помощью еды или медикаментов: «Не расстраивайся, вот тебе молочко с печеньем. Поешь — тебе станет лучше». Обратите внимание, эта фраза очень напоминает следующую: «Не расстраивайся. Выпей лекарство, и тебе станет лучше».

Мы понимаем, что сейчас, когда вы чувствуете себя особенно уязвимо, вам может быть сложно принимать взвешенные решения. Попробуйте смириться с этой вполне естественной, в связи с потерей, болью и пройти программу восстановления, предложенную в книге. Если этот путь покажется вам слишком трудным, у вас всегда будет возможность начать принимать лекарства.

Мы не сторонники того, чтобы люди испытывали боль. И если бы существовал более легкий путь, мы бы обязательно рассказали о нем. Скорбь — это страдание. Так и должно быть. Исходя из собственного опыта, мы убеждены, что человек восстанавливается тогда, когда не нарушаются естественные процессы горевания.

ОНИ ХОТЯТ, ЧТОБЫ МЫ СОХРАНИЛИ ВЕРУ

В 1969 году умер младший брат Джона. Джон помнит, как ему сказали: «Ты не должен злиться на Бога».

Джон это знал, но всё равно злился. Никто не сказал ему, что гнев на Бога — это типичная реакция на безвременную смерть близкого человека. Столько лет полагаясь на разум, мы всегда хотим найти объяснимую причину происходящему. И если не находим, то обвиняем Бога.

Этот гнев пройдет, если нам дадут возможность выразить свои чувства. Кто-то обязательно должен позволить нам сказать, что мы злимся на Бога, и не осуждать, и не говорить, что это плохо. Иначе злость останется навсегда внутри и помешает нашему духовному росту. Мы знаем людей, которые так и не смогли вернуться к своему вероисповеданию, потому что им никто не позволил выразить свои истинные чувства. В таком случае скорбящий оказывается отрезан от одного из самых мощных источников поддержки.

Вера и чувства — не одно и то же

В последние годы мы поняли, что надо просить скорбящих различать веру и чувства. Возможно, это звучит странно, но большинство людей понимают, что мы имеем в виду. До этого мы говорили о чувствах и разуме. Сейчас нам необходимо затронуть духовный аспект горя. Между мыслями и чувствами можно найти причинно-следственную связь. С верой всё обстоит иначе. Для веры не нужно обоснований. Вера — величина духовная, она не зависит ни от эмоций, ни от разума.

В случае утраты ваша вера может: 1) поколебаться или ослабеть; 2) остаться незыблемой, какой бы ни была утрата.

Сильнее всего может сотрясти нашу веру смерть ребенка или внезапное трагическое событие. В этом случае мы предлагаем, чтобы скорбящий в первую очередь начал работать над своими отношениями с умершим. Когда боль, вызванная потерей, утихает, вера сама собой восстанавливается и часто становится даже сильнее. Если вера не возвращается, мы помогаем людям восстановить доверие к Богу, используя те же самые принципы, которые применяем, чтобы восстановить доверие к родителям, врачам, священникам и психологам.

Людей, чья вера оказалась незыблема, мы побуждаем обрести мужество, чтобы предпринять необходимые шаги для душевного восстановления. Если вернуться к сравнению со спущенным колесом, у нас есть выбор: 1) сидеть напротив колеса и молиться о том, чтобы Бог загнал воздух в шину; 2) позвонить в службу помощи и помолиться, чтобы они скорее приехали.

Причиной того, что скорбь не отпускает, всегда являются невысказанные чувства, которые накапливаются в отношениях с течением времени. Замечательно, если мы применяем молитву и веру в своей повседневной жизни. Однако с помощью их одних невозможно обнаружить и завершить незавершенное.

Как говорится, Бог помогает тем, кто помогает себе. И мы с этим согласны. Мы убеждены, что помощь себе заключается в том, чтобы предпринять шаги к душевному восстановлению, то есть найти и завершить то, что осталось незавершенным в утраченных отношениях.

5

Образцово-показательное восстановление

В предыдущей главе мы упоминали, что общество настойчиво учит нас *делать вид, будто мы уже оправились от горя.* Понимать это крайне важно[41]. Маска благополучия[42] — самое распространенное препятствие для всех скорбящих. И если они действительно хотят оправиться от потери, им нужно ее снять. Это маска образцово-показательного «восстановления», которую можно также назвать «Со мной все в порядке» или «Я счастлив», или «Я буду сильным ради семьи и друзей», или «Я хочу помочь другим». Присядьте и задумайтесь, сколько подобных масок вы носите. Большинство из вас понимают, о чем речь.

Мы уже говорили о том, что слышат скорбящие от окружающих. Большинство комментариев — это воззвания к разуму. Обычно никто не поощряет выражение чувств. Такие комментарии лишь усиливают одиночество и создают ощущение, что тебя осуждают, оценивают и критикуют. Довольно быстро скорбящий понимает, что ему действительно нужно вести себя так, будто с ним всё в порядке, чтобы к нему нормально относились.

---

41 Дословно: «понимать этот аспект скорби крайне важно».
42 В английском: a false image of recovery.

ИДЕАЛИЗИРОВАТЬ ИЛИ ОЧЕРНЯТЬ?

В стремлении быть принятыми и выглядеть «достойно» скорбящие пытаются сосредоточиться только на приятных воспоминаниях. В контексте незавершенного горя это называется «идеализацией» умершего. В самой пагубной форме она проявляется в одержимом хранении предметов, которые принадлежали умершему и которые напоминают о нем. Один из примеров, когда мать хранит всё, как было, в комнате дочери, хотя со дня ее смерти прошло уже более пяти лет.

Менее опасной, но столь же ограничивающей является форма идеализации, которая мешает скорбящему ясно оценить все стороны утраченных отношений. Многие скорбящие ограничиваются лишь теплыми воспоминаниями и добрыми комментариями в адрес покойного. Убеждение о том, что «нельзя говорить плохо об умершем» — пример бесполезных убеждений. Речь идет не о том, чтобы злословить человека, живого или мертвого. Мы хотим сказать, что боль, вызванная смертью близкого, разводом или другой значимой утратой, вряд ли утихнет[43], если не посмотреть на отношения со всех сторон, а не только с положительной.

Другой крайностью является «демонизация» или «очернение» умершего. Скорбящий то и дело жалуется на покойного, описывая, как плохо тот с ним обходился. Такие люди не хотят отпустить разочарование и гнев. Они ревностно хранят в своей памяти всё плохое, так же как «идеализирующий» лелеет всё хорошее. Но ни тот, ни другой не видит всей картины отношений в целом.

Во всех отношениях есть плохое и хорошее. Мы убеждены, что вы сможете прийти к чувству завершенности в утраченных отношениях, если будете полностью честны с собой и окружающими.

---

43   Это предложение дословно: «мы хотим сказать, что невозможно завершить боль, вызванную смертью близкого...»

МЫ ХОТИМ ОДОБРЕНИЯ СО СТОРОНЫ ОКРУЖАЮЩИХ

Нам всем нравится похвала и комплименты. Мы все любим одобрение. Хочется, чтобы нас считали умными, сильными и зрелыми. Мы все желаем чувствовать себя частью группы. Эта потребность начинает формироваться с раннего детства и часто усиливается настолько, что становится одержимостью.

Ранее мы говорили, что большинство комментариев, которые слышат скорбящие, не помогает. Скорбящим советуют отвлечься или начать «рассуждать здраво». И поскольку одобрение окружающих играет для нас огромное значение, мы пытаемся соответствовать их ожиданиям.

Когда у Джона в младенческом возрасте умер сын, от горя его разрывало на части. Но он услышал примерно следующее:

«Вам с женой нужно быть благодарными, что у вас есть другие дети».

«Просто не судьба».

«Ты достаточно сильный, чтобы это пережить».

И хотя с точки зрения разума всё было верно, эти фразы не помогли Джону справиться с эмоциями. Ему казалось, что друзья не хотят слышать о его чувствах. Но он не хотел остаться в одиночестве. Тогда встал вопрос: как ему честно рассказать о том, что происходило в сердце и не оттолкнуть слушающих?

Когда Рассел развелся с первой женой, друзья с самыми добрыми намерениями сказали:

«В следующий раз все получится».

«Она тебе не подходила».

Рассел всего-навсего хотел выговориться и быть услышанным. Но эти слова остановили его и подсознательно убедили похоронить свои чувства.

Джон и Рассел желали одобрения окружающих. Они устали чувствовать себя плохо, но их попытки что-либо изменить не находили поддержки со стороны родных и друзей. Поэтому они предпочли сделать вид, что у них всё хорошо, и стали надевать различные маски душевного благополучия, хотя внутри ничего не сдвинулось ни на йоту. Они так успешно играли эту роль, что чуть было не убедили самих себя, что оправились от горя.

«Я В ПОРЯДКЕ» — ЧАСТО ЛОЖЬ

Работая со скорбящими из разных уголков страны, мы видим самых собранных и благополучных людей на земле. Они хорошо выглядят и говорят, что у них всё прекрасно. Они даже пытаются убедить нас, что чувствуют себя хорошо. Когда мы встречаем людей, которые только что перенесли утрату, и спрашиваем, как они, то неизменно слышим в ответ: «Я в порядке».

Выступая перед большими группами людей, мы часто задаем вопрос: нравится кому-либо, когда ему лгут? Конечно, никто не поднимает руку. Затем мы спрашиваем, кто из них лгал о том, как чувствовал себя после трагических событий. Все поднимают руки. Печально осознавать, что нас научили говорить неправду о своих чувствах из страха осуждения или критики.

Опасность фразы «я в порядке» в том, что она не помогает израненной душе. Эта фраза отвлекает нас и окружающих, в то время как боль и одиночество сидят глубоко внутри. Она словно короста на ране, продолжающей гноиться.

У НАС НАЧИНАЕТСЯ УПАДОК СИЛ

Редко кто из множества скорбящих, с которыми мы общались, отрицал, что испытывает упадок сил. Иногда всё, на что способен человек, переживший утрату, это вылезти из кровати и на автомате прожить день, неделю, месяц и, в конце концов, жизнь в режиме автопилота.

Горе, от которого человек не смог оправиться, забирает очень много сил. В большинстве случаев боль остается где-то глубоко внутри, а на поверхности видны лишь *симптомы, которые люди пытаются «вылечить»*. Многие, включая психологов и психиатров, не осознают тот факт, что непрожитая потеря обладает *накопительным эффектом* и притом *негативным*.

Разумно предположить, что человек расходует свою энергию наиболее эффективно, когда его тело и разум в гармонии. Непрожитое горе раздваивает нас внутри. Приведу пример. Сколько раз, ведя машину, вы вдруг понимали, что последние три квартала были где угодно, только не за рулем? Вы полностью уходили в себя, ведя мысленный разговор с воображаемым собеседником. Чудо, что вы остались живы! Часто такие разговоры ведутся с тем, кто умер, или с бывшим супругом. И чаще всего это тщетные попытки выяснить отношения. Зацикленность на неразрешенных ситуациях[44] прошлого поглощает массу энергии.

МЫ НЕ ОЩУЩАЕМ ПОЛНОТЫ ЖИЗНИ

Создавая видимость того, что с ними всё в порядке, и будучи убеждены собственным обманом, многие люди приходят к «мнимому» душевному исцелению. В результате они навсегда утрачивают ощущение полноты жизни и перестают вести себя непосредственно. Многие оказываются в состоянии тихого от-

---

[44] Дословно: «на незавершенных эмоциях».

чаяния: иногда им хорошо, иногда плохо, но они больше никогда не испытывают полного счастья и наслаждения.

Неверные знания о том, как переживать горе, обходятся нам очень дорого. Каждая следующая незавершенная должным образом боль потери всё больше отнимает радость жизни. И в результате мы не живем, а «терпим» жизнь. Мир становится для нас опасным местом.

Кто-то из вас читает эту книгу не потому, что пережил смерть близкого или развод. Возможно, вы вспоминаете, как в детстве мечтали о счастливой и беззаботной жизни. Но из-за множества небольших, но непрожитых потерь вы однажды вдруг осознали, что жизнь складывается совсем не так, как хотелось.

Возможно, у некоторых из вас не было и мысли, что впереди его ждет прекрасная жизнь. И вы, сколько себя помните, постоянно чувствовали себя несчастным. Недовольство жизнью — всё, что вам известно. Может быть, у вас очень мало поводов для радости или их нет вообще.

Как бы то ни было, возможно, вы многое испробовали, чтобы стать счастливым и жить полной жизнью. Вы обращались к психологу, к религии, посещали групповые программы личностного и духовного роста. Возможно, благодаря им вы обрели новое понимание и ценные навыки. И, тем не менее, вас может не покидать чувство, что что-то в прошлом не завершено, и это крадет у вас надежду на счастливое будущее.

Пожалуйста, не откладывайте книгу. Она и для вас тоже.

ВТОРАЯ ЧАСТЬ

Готовимся к изменениям. Первые шаги к восстановлению

Восстановиться после утраты можно благодаря нескольким незначительным, но верным действиям. Вы уже предприняли некоторые из них:

Признали, что проблема существует.
Признали, что она возникла вследствие утраты.
Начав читать эту книгу, вы тем самым признали, что готовы предпринять действия, чтобы оправиться от горя[45].

В следующих четырех главах вы узнаете о том, какие шаги надо сделать в первую очередь, чтобы пережить боль утраты. Облегчение наступит, если вы захотите их предпринять.

---

[45] Дословно: «завершить свое горе».

6

Первый шаг. Принять решение восстановиться

Чтобы сделать первый шаг к восстановлению, нужно знать, с чего и как начать. Есть три слова, которые помогают ступить на этот путь: *иначе, лучше, больше*.

Неважно, что вы пережили: смерть близкого, развод или болезненный разрыв отношений, вопрос «Что бы вы хотели, чтобы было *иначе, лучше или больше?*» всегда поможет вам понять, что осталось незавершенным в отношениях.

Давайте вернемся к истории Джона — в тот день, когда умер его дедушка.

Когда Джона отправили в кабинет директора, чтобы он побыл один, это закрепило в нем убеждение, которое формировалось всю жизнь: не надо ни с кем говорить о своих чувствах. Джон сидел и вспоминал свои отношения с дедом. Ему хотелось поблагодарить его за всё, чему тот его научил. Джон часто откладывал выражение своих чувств «на потом». Прежде чем «потом» наступило, дедушка умер. У Джона на губах застыло «спасибо», которое он так и не успел произнести. Это и есть то, что ему хотелось сделать *иначе, лучше, больше.*

Он расстроился из-за того, что ему так и не удалось выразить свои чувства и благодарность деду. Многие ошибочно называют это чувством вины. Но желание, чтобы что-то было **иначе, лучше или больше** и чувство вины — не одно и то же.

Если не определить, что хотелось бы сделать *иначе, лучше или больше,* мы начинаем перекладывать ответственность за свои чувства на произошедшее: смерть близкого или другую утрату. До тех пор, пока мы убеждены, что ответственность за наши чувства лежит на ком-то или чем-то другом, мы не сможем восстановиться.

ЧЬЯ ОТВЕТСТВЕННОСТЬ?

Мы уже осознали ошибочность убеждения «Чтобы боль утихла, должно пройти время». Следующее неверное убеждение, которое скорбящему очень трудно преодолеть, — «я себя так чувствую из-за кого-то или чего-то». Многие говорят:

«Он меня разозлил».
«Она испортила мне настроение».
«Всё у меня было бы хорошо, если бы он/она/они так со мной не поступили».

Везде и всюду сталкиваешься с нежеланием людей брать на себя ответственность за свои чувства и действия. Эту модель мышления мы начинаем усваивать с детства на примере своих родителей.

Мама говорит ребенку: «Ты меня порадовал».
Папа говорит: «Ты меня расстроил».
Мама говорит: «Не зли папу».

И так как детям внушают, что их действия вызывают определенные чувства у мамы и папы, они решают, что верно и обратное. *Если из-за меня мама с папой чувствуют себя так-то и так-то, то и я могу чувствовать себя определенным образом из-за них.* Так формируется мышление «жертвы», которое проникло во многие области современной жизни.

Если перефразировать Элеонору Рузвельт, *«никто не может расстроить тебя без твоего разрешения»*. Но даже с помощью этого довольно точного утверждения очень трудно переубедить людей. Когда мы полностью перекладываем ответственность за свои чувства на других, тогда они становятся ответственными и за то, чтобы мы перестали себя так чувствовать.

Вот история, которую мы часто используем, чтобы проиллюстрировать эту мысль. Она называется «В машине по пути на работу».

Однажды утром мужчина ехал на работу. Он подъехал к светофору, на котором загорелся красный свет, и как законопослушный гражданин остановился. Ненадолго он замечтался. Свет переключился на зеленый. Но наш друг этого не заметил. Зато зеленый свет заметил водитель, стоящий позади него. Когда машина нашего друга не сдвинулась с места, тот водитель просигналил. Мужчина опустил стекло и поблагодарил парня за то, что тот привлек его внимание к зеленому сигналу светофора.

Кого мы обманываем? Мы все знаем, что обычно происходит:

Наш друг почувствовал себя неловко. Никому не нравится себя так чувствовать. Он не захотел признать, что причина его чувств кроется в нем самом. Наш друг уже давно привык перекладывать ответственность на других. Поэтому вме-

сто того, чтобы сказать тому водителю «спасибо», он подумал: «Ты меня достал!»

В его голове тут же появились мысли, как сохранить лицо и поквитаться с «обидчиком». Наш друг опустил стекло, высунул голову и сделал именно то, чему научился на групповых семинарах, которые он посещал пару лет назад, — выразил свои чувства: «Эй, мужик! Отвали!»

Затем он продолжил движение уже помедленнее прямо перед носом этого парня, чтобы наказать его за свое испорченное настроение, пребывая в полной уверенности, что прав!

Наш друг злится и не может понять, что никто не виноват в том, что он испытал неловкость; он сам в ответе за свои чувства, которые являются результатом его отношения и действий.

Что портит пикник: дождь или отношение к дождю? Сложный вопрос. Ответ: и то, и другое. Дождь, конечно, портит пикник, но с ним ничего нельзя поделать. Можно изменить только свое отношение. То же самое применимо к утратам. Что вызывает скорбь: сама утрата или то, как я ее воспринимаю? Ответ тот же: и то, и другое. Да, мы не можем изменить то, что произошло, но мы можем что-то сделать со своим отношением. Мы можем приобрести навыки, которые помогут нам справиться с болью, разочарованием и отчаянием, вызванными потерей.

Некоторые верят, что опоздавший автобус или холодный омлет в кафе — это результат международного заговора. Другие думают, что правительство портит их жизнь, или что начальник — причина их несчастья. Но за всем этим скрывается лишь одно убеждение: «они меня разозлили», и оно побуждает нас негативно реагировать почти на всех и всё, что стало «причиной» наших плохих чувств. Мы начинаем копаться *в других*, вместо того, чтобы разобраться *в себе*.

В детстве мы не могли повлиять на то, как поступали наши родители или другие взрослые. Став старше, мы вдруг осознали, что именно произошло с нами в детстве, когда мы были еще не в силах что-либо изменить. Нам надо взять на себя ответственность за то, как мы *реагируем* на эти события *сейчас*. Иначе мы всегда будем чувствовать себя жертвами.

Плохо, что с нами всё это произошло. Но когда мы непрестанно прокручиваем болезненные картины в голове, удерживая и воссоздавая боль прошлого, жизнь становится невыносимой. И всё усугубляется тем фактом, что нас не научили справляться с болью[46], вызванной воспоминаниями о давнем прошлом.

Нам с детства внушили, что мы беспомощные жертвы событий, а также мыслей, чувств и действий других людей и «запрограммированы» реагировать на всё это определенным образом. Поэтому мы полностью уверены, что причина нашего разочарования — дождь. Многие из нас слышали: «отпусти» и «что было, то прошло». Было бы идеально, если бы наш мозг и сердце могли с легкостью отпускать проблемы и двигаться дальше. Но так не получается. Ничего не изменится, пока вы не возьмете на себя ответственность за свое восстановление. Чтобы помочь вам избавиться от привычки считать себя на 100 % жертвой произошедшего, мы хотим попросить вас сделать вот что. (Мы понимаем, что это абсолютно новая для вас идея, но мы хотели бы, чтобы вы ее усвоили.) Пожалуйста, возьмите на себя 1 % ответственности за то, что не завершено. И так же, как маленький ключик может открыть большую дверь, 1 % ответственности может направить ваш разум и сердце к восстановлению. На данный момент это означает продолжать читать книгу, чтобы найти решение.

---

[46] Дословно: «завершить боль».

ВТОРОЙ ШАГ. РЕШИТЬ: РАБОТАТЬ В ПАРЕ ИЛИ САМОСТОЯТЕЛЬНО

В идеале восстанавливаться человек должен в группе. Истории других людей помогают точно воспроизвести картины собственных потерь. Раз вы читаете эту книгу, скорее всего, у вас нет возможности посетить наш семинар или участвовать в нашей программе восстановления.

В первом издании книги «Восстановление скорбящих» мы писали, что в одиночку оправиться от потери невозможно — обязательно нужен партнер. К сожалению, многие из-за этого отложили книгу и не предприняли необходимых шагов. Позже мы поняли, что человек может восстановиться, даже работая в одиночку.

Для тех, кто работает самостоятельно

Если обстоятельства в вашей жизни складываются так, что для вас невозможно или слишком страшно работать в паре, тогда *предпринимайте шаги, описанные в книге*, самостоятельно. Не останавливайтесь.

Мы предоставим вам пошаговые инструкции, которые приведут вас к душевному восстановлению, независимо от того, как вы работаете: один или с кем-то.

Партнеры

Мы все-таки убеждены: *если у вас есть возможность*, лучше работать в паре с тем, кто так же хочет, чтобы его душевные раны затянулись. Как правило, партнер трудится над какой-то другой утратой, не такой, как ваша. Нередко бывает, что в пару объединяются члены семьи, которые потеряли близкого человека. Партнеры могут работать над одной и той же утратой. Но поскольку у каждого были свои отношения с умершим, процесс восстановления тоже будет у каждого свой. Совершенно нормально, если в паре один будет трудиться над тем, чтобы справиться с горем после смерти близкого человека, а другой — чтобы восстановиться после развода или иной потери.

КАК НАЙТИ ПАРТНЕРА

Возможно, вам кажется, что никто не понимает вашу боль. И даже с друзьями вы не можете разделить свою печаль. Когда люди говорят, что понимают вас, на самом деле они не понимают. У них свой взгляд и свое отношение к происходящему. Даже у членов одной семьи отношение к одному и тому же будет разное.

Людям часто советуют найти тех, кто пережил подобную утрату. Вдовам говорят, что их поймут только вдовы, а родителям, потерявшим ребенка, — что их поймут только родители, столкнувшиеся со смертью своего чада. Это неправда. Мы обнаружили, что любой человек, переживший тяжелую утрату, может стать идеальным партнером.

Может быть, кто-то еще из вашей семьи так же, как и вы, скорбит об умершем. Если вы не поделились с ними своими чувствами, они, возможно, даже не догадываются о том, *что* вы переживаете. Ваш партнер может оказаться совсем рядом — в вашей семье.

Если нет, нового друга можно поискать в других местах. Возможно, вы слышали на работе, что кто-то переживает смерть близкого человека. Вы можете найти партнера в спортзале, магазине, церкви или в общественной организации. Поднимите тему скорби на какой-нибудь из встреч. У каждого есть своя история. Возможно, для кого-то будет открытием, что существует программа восстановления скорбящих.

Когда вы найдете потенциального партнера, будьте с ним честны. Покажите им эту книгу и расскажите о своих планах. Спросите, не устал ли он от своей боли, как и вы; хочет ли он восстановиться. Не унывайте, если кто-то этого не захочет. Вы услышите разные отговорки. Продолжайте искать, пока не найдете.

7

Устанавливаем правила

Мы полагаем, что вы либо уже нашли партнера, либо решили работать в одиночку. Вот правила для первой встречи с партнером. *Даже если вы работаете самостоятельно, прочтите эту главу.* Некоторые обязательства и правила предназначены и для вас.

ПЕРВАЯ ВСТРЕЧА ПАРТНЕРОВ

Ваша первая встреча займет немного времени. Одного часа будет достаточно. Чтобы пройти все шаги, предложенные в этом пособии, вам понадобится еще пять встреч. Скорее всего, нужно будет оставлять как минимум два-три дня между встречами, чтобы успеть прочитать необходимую информацию и выполнить задания.

На первой встрече решите, когда именно, днем или вечером и по каким дням удобней будет встречаться. Вам нужно запланировать полтора или два часа на каждую последующую встречу.

Всегда выбирайте для встреч такое место, где вы будете чувствовать себя уютно и сможете спокойно поговорить. Разговор об утратах может вызывать вполне естественные эмоции, в том числе слезы. Это нормально — плакать, особенно, когда мы говорим и думаем о том, что глубоко нас ранило. Но слезы — не главное. Не думайте, что с вами или с вашим партнером что-то не так, если вы или он не плачет. Не придавайте слезам чрезмерное значение. Они не есть залог душевного восстановления. Тем не менее, кто-то из вас должен позаботиться о том, чтобы на встречах всегда было достаточно салфеток.

Договоритесь, приемлемы для вас объятия или нет. Кому-то не нравится, когда его обнимают. И это нормально. Еще одно правило: не обнимайте и не касайтесь партнера, когда он выполняет задание. Подождите, пока он закончит. Часто прикосновение мешает до конца выразить необходимое чувство, в результате чего наступило бы облегчение.

Мы предлагаем вам сесть на достаточном друг от друга расстоянии, чтобы говорящий не был стеснен и не ощущал неудобства. Постарайтесь представить, что это дружеская беседа, а *не сеанс психотерапии*. Возможно, поначалу покажется неловко говорить об утрате, но ваша цель — обрести в этом общении чувство уверенности и комфорта. Мы хотим, чтобы вы слушали своего партнера *всем сердцем*[47].

БЕРЕМ НА СЕБЯ ОБЯЗАТЕЛЬСТВА

Вы должны взять на себя некоторые обязательства, чтобы эти встречи имели для вас максимальную пользу.

1. *Абсолютная честность* (как для партнеров, так и для тех, кто работает самостоятельно). Под абсолютной честностью мы подразумеваем, что вы должны как можно правдивее расска-

---

[47] Если перевести дословно, авторы предлагают слушающему представить себя «сердцем с ушами».

зывать о трагических событиях, произошедших в вашей жизни, и о чувствах, связанных с ними. По мере того, как вы будете проходить эту программу, вам откроется более ясная картина событий, вы научитесь лучше понимать себя и, следовательно, делиться этим. Когда мы говорим об абсолютной честности, мы имеем в виду честность о себе, а не о ком-то еще. Не поддавайтесь искушению переключиться на других людей. Ведь о них мы можем только догадываться.

Мы никоим образом не предполагаем, что вы, читатель, нечестный человек. Возможно, существует что-то, что вы не хотите рассказывать партнеру. Факты и подробности каких-то событий, возможно, слишком трудно вынести на свет. И это нормально. Гораздо важнее точно передать свой душевный отклик на эти события. Конечно, те из вас, кто работает самостоятельно, должны быть абсолютно правдивы с собой.

2. *Полная конфиденциальность* (для партнеров). Двигаясь по этой программе, вы будете говорить о болезненных событиях и обстоятельствах вашей жизни. Полная конфиденциальность означает, что любую личную информацию, доверенную вам партнером, вы унесете с собой в могилу. Полная конфиденциальность означает, что вы доверяете, что ваш партнер сделает то же самое. Это означает, что вы никогда не обманете доверие друг друга.

3. *Уникальность и индивидуальность* (для партнеров и тех, кто работает один). В-третьих, вы должны понимать, что у каждого восстановление проходит по-своему, в силу своей уникальности и индивидуальности. Поскольку все отношения уникальны, то всё, что вы будете рассказывать в процессе восстановления, тоже будет уникальным. Каждый человек приходит со своими представлениями и убеждениями, важно их не сравнивать. Сравнение часто ведет к преуменьшению или к преувеличению, а не к истине. Важно только то, что думае-

те о своем горе вы, и больше никто. Вы будете чувствовать себя уверенно в отношениях с партнером и быстро восстановитесь, если каждый сможет делиться своими мыслями и чувствами без того, чтобы его перебивали, анализировали, критиковали или осуждали.

Как бы вы ни работали: один или в паре, важно, чтобы вы взяли на себя обязательство серьезно относиться ко всем заданиям этой программы и выполнять их своевременно. Только так вы сможете восстановиться.

Партнерам: пожалуйста, проговорите на встрече эти обязательства и подтвердите, что берете их на себя.

Тому, кто работает один: вам нужно взять на себя только первое обязательство. Однако крайне важно, чтобы вы отнеслись к нему серьезно. Также мы просим вас обратить внимание на третье обязательство в том плане, чтобы не быть критичным к себе и не осуждать себя.

ПЕРВОЕ ДОМАШНЕЕ ЗАДАНИЕ

И те, кто работает самостоятельно, и те, кто работает с партнером, пожалуйста, прочтите или перечитайте первые шесть глав этого пособия. Делайте заметки и подчеркивайте фразы, которые находят отклик в вашем сердце. Отметьте то, что перекликается с вашим личным опытом.

Вот ложные убеждения, которые усвоили Джон и Рассел о том, как надо переживать потери:

1. Не расстраивайся.
2. Найди замену.
3. Горюй в одиночестве.

4. Время лечит.
5. Будь сильным ради других.
6. Займи себя чем-то.

Не удивляйтесь, если вам знакомо большинство этих фраз или все они. Мы воспитывались в одном обществе, и нам всем внушали эти убеждения.

Возьмите чистый лист бумаги и выпишите из вышеприведенных фраз те, которые вам хорошо знакомы, а также другие утверждения, которыми руководствовались вы или ваши знакомые в периоды скорби. С этого списка начнется ваш путь восстановления.

Далее, просмотрите список приведенных ниже фраз. Какие из них вы слышали и каким верили? Не удивляйтесь, если почти все или абсолютно все они вам знакомы. В нашем обществе эти фразы широко распространены. Добавьте к этому списку другие комментарии, которые вы слышали в связи с утратами в вашей жизни.

«Держись».

«Соберись».

«Не раскисай».

«Возьми себя в руки».

«Мы понимаем, как ты себя чувствуешь».

«Будь благодарен (благодарна), что у тебя есть еще дети».

«Жизнь продолжается».

«Он (она) в лучшем месте».

«Все проходит».

«У нее (у него) была полная жизнь».

«Бог никогда не дает испытания выше сил».

«Ты не должен злиться на Бога».

Приведенный список содержит много принципов, убеждений и идей, к которым вы прибегали, пытаясь справиться с болью утрат.

Несмотря на то, что он довольно длинный, редко кто не добавлял к нему несколько своих вариантов. Пожалуйста, не воспримите это как критику в свой адрес или в адрес вашей семьи, церкви и общества в целом. Очень важно понять, какими убеждениями вы руководствуетесь, пытаясь пережить горе, и помогают они вам или мешают восстановиться. Подойдите к этому заданию обстоятельно. Чем точнее и полнее вы его выполните, тем легче сможете усвоить новые принципы, которые помогут вам пережить боль прошлых потерь.

ЕЩЕ РАЗ О ВАЖНОМ

Чуть выше мы перечислили фразы, которые мешают нам справиться с горем. Среди них:

«Держись».
«Соберись».
«Не раскисай».
«Возьми себя в руки».

Мы должны всегда себе напоминать, что скорбь и печаль — *это нормальная и естественная реакция на потерю.* Мы скорбим от того, что на данный момент всё стало другим, не таким как до утраты. Приведенные выше призывы подразумевают, что, когда мы скорбим, с нами что-то не так. Но это нормально чувствовать себя сокрушенным, когда в жизни происходят сокрушительные события. Это нормально быть растерянным, опустошенным, запутанным и расстроенным, когда мы сталкиваемся с тяжелыми утратами. Мы часто слышим, как люди, видя чью-то реакцию на потерю, говорят: «Он сломался» или «Он себя вообще не контролирует». Печально, что неверные слова и представления исказили наше восприятие естественных и здоровых эмоций.

ВТОРАЯ ВСТРЕЧА ПАРТНЕРОВ

Вначале встречи еще раз заверьте друг друга в том, что вы полностью честны, сохраняете конфиденциальность и признаете, что у каждого из вас восстановление проходит по-своему. Как и прошлый раз, встретьтесь там, где ничто не будет вас стеснять, даже если вы заплачете. Не забудьте про салфетки.

На этой встрече вы в первый раз озвучите и, возможно, еще больше осознаете, какими убеждениями вы руководствовались, пытаясь справиться с болью потерь. Это будет единственный раз, когда вы будете говорить о горе и потерях в общем и обсуждать, что привело вас к этим убеждениям. На следующих встречах, по мере того, как вы будете продвигаться к чувству завершенности, разговор будет носить более конкретный характер.

Но будьте осторожны и избегайте следующего: во-первых, склонности вести монолог вместо диалога; во-вторых, не позволяйте себе анализировать, критиковать и осуждать; в-третьих, не стремитесь привнести идеи из религии, психотерапии, а также из программы «Двенадцать шагов» и любых других философий и программ. Несмотря на то, что эти идеи имеют огромную ценность в повседневной жизни, они могут запутать, если применить их к скорби.

Цель этой встречи — определить неверные убеждения, к которым вы прибегали, пытаясь пережить горе, и создать доверительную атмосферу. Это поможет вам выйти из состояния одиночества и замкнутости в себе и вызовет желание взаимодействовать. Вы будете удивлены, обнаружив, как много у вас общего.

По очереди зачитайте свои списки неверных убеждений. Это будут несколько или все ложные убеждения из списка Джона и Рассела, которые они почерпнули в детстве. Обсудите, какое влияние они оказали на вашу жизнь.

Затем по очереди зачитайте список других неверных представлений, которыми вы руководствовались, пытаясь пережить утрату. И снова обсудите, как они повлияли на вас.

Запланируйте следующую встречу.

Для тех, кто работает самостоятельно

Выделите время, чтобы перечитать первые шесть глав. Просмотрите свои списки и сравните их с приведенными в книге. Подумайте о том, как неверные представления повлияли на вашу жизнь. Запишите свои мысли. Задайте себе неудобный вопрос: повлияли ли на мое решение работать в одиночку какие-то из усвоенных в жизни убеждений о том, как справляться с болезненными чувствами?

8

Источники кратковременного облегчения

Смерть любимого человека, развод и другие утраты производят в нас огромное количество эмоциональной энергии. Так как с раннего детства нас приучали неправильно справляться с печалью, душевной болью и другими негативно окрашенными эмоциями, эта энергия накапливалась внутри.

Вот самая обыденная история, которая послужит нам иллюстрацией. Девочка возвращается из детского сада расстроенная. Мама, папа, бабушка или другой значимый взрослый спрашивает: «Что случилось?» Она со слезами отвечает, что один из детей ее обидел. Взрослый говорит: «Не плачь. Съешь печеньку — тебе станет лучше». Так значимый для нее взрослый формирует убеждение, что *еда помогает чувствовать себя лучше*.

Съев печенье, ребенок чувствует себя иначе, но не лучше, и на какое-то время отвлекается и забывает о случившемся. Однако эмоциональная боль остается неразрешенной. Событие и чувства, связанные с ним, теперь погребены под сладким печеньем — внимание ребенка переключили. Если девочка попытается вернуться к этому разговору, наверное, ей скажут: «Что было — то прошло», в том смысле, что не надо продолжать переживать о случившемся. То есть эмоции надо прятать.

Мы с раннего детства учимся «заедать»[48] свои чувства. Неудивительно, что позже мы прибегаем к той же самой модели поведения, пытаясь заглушить эмоции алкоголем или наркотиками. Возможно, вы научились этому у взрослых, видя, как они потребляют огромное количество еды и алкоголя на поминках. «Заедание» эмоций, вызванных смертью близкого или разводом, не помогает нам обнаружить источник этих эмоций и завершить утраченные отношения. Мы оказываемся обманутыми иллюзией, что источники кратковременного облегчения, такие как еда и алкоголь, надолго облегчают боль, вызванную утратой.

Еда и алкоголь — это очевидные и распространенные источники кратковременного облегчения. Существуют и многие, многие другие, которые также ухудшают качество жизни и имеют разрушительные последствия. Ниже приведен их неполный список. Если прибегать к ним из неправильных побуждений, они будут иметь негативное воздействие на переживающего утрату:

- Еда.
- Алкоголь/наркотики.
- Гнев.
- Физические упражнения.
- Иллюзии (телевидение, книги, фильмы).
- Замкнутость.
- Секс.
- Шопинг.
- Трудоголизм.

Многое из перечисленного само по себе безвредно. Оно становится вредным, когда делается из неверных побуждений. Пе-

---

[48] Дословно: «скрывать, прятать, хоронить под едой».

ченье не помогает утихнуть боли утраты, шопинг не приносит настоящего облегчения. Наоборот, он может вызвать обратное действие: угрызения совести из-за потраченных впустую денег. А это еще больше отвлекает от настоящей причины болезненных чувств — смерти, развода или другой утраты.

Некоторые источники кратковременного облегчения очевидны, другие — нет. Вот пример неочевидного источника кратковременного облегчения.

Не редкость, когда люди слишком часто ходят на могилу умершего на протяжении многих лет. Им кажется, будто смерть лишила их возможности прийти к чувству завершенности, поэтому они часто возвращаются туда, где могут ощутить душевную близость с любимым человеком. Подсознательно скорбящие ищут возможности облегчить боль, вызванную незавершенными отношениями. Проблема в том, что посещение могилы не принесет полного облегчения или чувства завершенности.

В конце этой главы у вас будет возможность увидеть, как с помощью определенных действий вы пытаетесь справиться с чувствами, вызванными утратой.

КРАТКОВРЕМЕННОЕ ОБЛЕГЧЕНИЕ НЕ ПОМОГАЕТ

Представьте себе чайник, наполненный водой. Чайник стоит на сильном огне. Обычно, когда вода нагревается и закипает, из носика выходит пар. У многих чайников есть свисток. Мы слышим звук и понимаем, что вода закипела. Представьте себе чайник, наполненный водой, под ним горит сильный огонь, а носик заткнут пробкой. Представьте себе давление внутри чайника, которое он не может выпустить через носик. Пробка — это накопленные за жизнь неверные убеждения о том, что мы не должны говорить о своей печали, боли и других негативно окрашенных чувствах.

Здоровый «чайник» высвобождает энергию немедленно, по мере ее возникновения. Когда вам говорят: «Не расстраивайся» или «Если будешь плакать — пойдешь в свою комнату», негативная эмоциональная энергия остается внутри вас. Смешно говорить, что «время лечит» в контексте этого примера. Время только приближает чайник к моменту взрыва.

Когда внутри нас нарастает давление, мы ищем возможность освободиться от него. Именно в такие периоды мы начинаем искать источники кратковременного облегчения (ИКО). И здесь мы сталкиваемся с тремя основными проблемами. Первая — они приносят облегчение. Вернее, *кажется*, что они приносят облегчение. Они создают иллюзию облегчения, заставляя вас забыть или похоронить эмоции. Вторая проблема в том, что эффект от них *кратковременен*, и они не дают возможности разобраться с истинными причинами чувств. И последнее, они не помогают убрать пробку, которую засунули в носик чайника. Более того, многие даже не осознают существование этой «пробки».

В какой-то момент давление внутри «чайника» становится максимальным, и источники кратковременного облегчения более не способны поддерживать иллюзию благополучия. Представьте, что может произойти, если серьезная потеря — смерть или развод — пополнят «коллекцию» невыраженных чувств. Это внутреннее давление может разорвать «чайник».

Порой у людей случаются такие сильные эмоциональные выплески, что о них пишут на первых страницах газет. Но у большинства из нас эти «выплески» всё же незначительные. Мы хотим задать вопрос: «Бывало ли, что ваша эмоциональная реакция была несоразмерна вызвавшим ее обстоятельствам?» К сожалению, мы знаем, что да. Со временем у нас вырабатывается стойкая привычка «затыкать» пробкой свой «чайник». Мы закупориваем чувства, потому что нас этому научили.

Если вы будете предпринимать действия, предложенные в пособии, вы сможете удалить пробку. И тогда у вас получится гораздо лучше справляться с эмоциями, которые возникают в результате потерь. Чтобы убрать пробку, мы рассмотрим все представления и убеждения, создавшие ее, и заменим их более верными.

Простой пример. Если ваш двор зарос сорняками, вы можете их срезать, чтобы «ненадолго полегчало», но они вырастут снова. Или вы можете выдернуть сорняки с корнем и покончить с проблемой. Перед вами стоит выбор: искать кратковременное облегчение или обрести долговременное. Мы хотим, чтобы вы выбрали второе. Мы укажем вам путь и поможем его пройти.

НАХОДИМ ИСТОЧНИКИ КРАТКОВРЕМЕННОГО ОБЛЕГЧЕНИЯ

Вот классический пример того, как человек прибегает к источникам кратковременного облегчения.

Рассел никогда не употреблял много алкоголя. Несмотря на то, что большую часть своей сознательной жизни он проработал в ресторане, он редко пил и никогда не напивался. После второго развода он каждый вечер стал ходить к другу в бар и пропускать по рюмочке или две. Его тянуло туда из-за дружелюбной атмосферы. Спустя три месяца этот вечерний ритуал больше не приносил облегчения. Он перестал ходить в бар, стал каждый вечер приходить домой и читать фантастику. Рассел заменил один источник кратковременного облегчения другим.

ВТОРОЕ ДОМАШНЕЕ ЗАДАНИЕ

Домашнее задание (и для партнеров, и для тех, кто работает самостоятельно) — определить свои ИКО, к которым вы прибегали и прибегаете, чтобы избежать боли, вызванной потерями.

Перечитайте эту главу и постарайтесь определить хотя бы два источника, которые вы использовали, чтобы избавиться от своих чувств. Это не так легко, как кажется. Возможно, для вас это первая возможность последовать своему решению быть полностью честным.

Вот список источников кратковременного облегчения из первой части главы.

- Еда.
- Алкоголь/наркотики.
- Гнев.
- Физические упражнения.
- Фантазии (телевидение, книги, фильмы).
- Изолированность.
- Секс.
- Шопинг.
- Трудоголизм.

На чистом листе выпишите ИКО, к которым вы прибегали. Дополните их своими. В нашем обществе принято прятать свою эмоциональную боль вместо того, чтобы с ней разбираться.

ТРЕТЬЯ ВСТРЕЧА ПАРТНЕРОВ

Вначале встречи еще раз заверьте друг друга в том, что вы полностью честны, сохраняете конфиденциальность и признаете, что у каждого из вас восстановление проходит по-своему. Как и всегда, встретьтесь там, где ничто не будет стеснять ваши слезы. Не забудьте про салфетки.

Источники кратковременного облегчения могут быть интересной темой для обсуждения, а могут быть болезненной и неловкой. Будьте здесь особенно осторожны: не осуждайте, не критикуйте и не оценивайте своего партнера (и себя). Помните о конфиденциальности. Честность и ощущение безопасности — главные составляющие, необходимые для восстановления.

Зачитайте свой список ИКО. Важно помнить, почему мы к ним прибегаем. Это происходит не потому, что с нами что-то не так, а потому что нас этому научили.

Одна из целей данного задания — помочь вам осознать, почему вы поступаете так, как поступаете. Изменить разрушающие привычки можно только тогда, когда их осознаёшь.

После того, как каждый из вас высказался, назначьте время и место для следующей встречи.

Для тех, кто работает самостоятельно

Внимательно перечитайте восьмую главу. Подумайте: чтобы справиться с болью утраты, к каким источникам кратковременного облегчения вы прибегаете обычно, а к каким — в особых случаях.

Задайте себе еще один неприятный вопрос: «Может быть, замкнутость[49] — один из моих основных источников кратковременного облегчения? Возможно, это одна из причин, почему я работаю один?»

Может показаться, что мы на вас давим. Мы же просто делимся с вами многолетним опытом. Большинство людей, которым трудно найти партнера, на самом деле боятся, что потенциальный партнер им откажет. Мы не можем сказать, что этого не случится, но, пожалуйста, задумайтесь еще раз о том, почему вы решили работать самостоятельно. Больше мы не будем возвращаться к этой теме.

---

[49] Дословно: «изолированность».

9

График утрат

Теперь, когда вы поняли, что мифы, умозаключения и источники кратковременного облегчения не приносят желаемого результата, возможно, вы почувствовали себя в тупике. Даже начали делать вид, будто все хорошо, хотя на самом деле вам больно. Это очень опасное состояние.

Если бы мы могли чудесным образом снять с ваших плеч груз потерь, мы бы его сняли. Но не можем. Поэтому вот что мы сделаем. Мы расскажем вам, какие шаги необходимо предпринять, чтобы отпустить боль утраты[50].

«График утрат» поможет вам осознать, с какими утратами вы столкнулись, и какие из них больше всего мешают вам жить полноценной жизнью. Предложение осознать свои утраты может показаться на первый взгляд странным. Неужели мы не знаем, что пережили? К сожалению, многих в юном возрасте научили оценивать свои утраты в сравнении с чьими-то и приуменьшать чувства. Поэтому они не отдают себе отчета в том, как на них повлияли прошлые события и какое влияние они продолжают оказывать сейчас.

---

[50] Дословно: «завершить отношения с болью, вызванной утратой».

СРАВНЕНИЕ И ПРЕУМЕНЬШЕНИЕ

Наверняка когда-то вы слышали выражение: «Я плакал потому, что у меня не было обуви, пока не встретил человека, у которого не было ног». Очевидно, эта фраза имеет своей целью помочь людям задуматься и стать благодарными за то, что они имеют, вместо того, чтобы печалиться о том, чего не имеют. Прекрасное качество. Но часто эту фразу произносят с таким умыслом: «Зачем так переживать из-за пустяков?! Вот у него действительно серьезный повод для переживаний!»

Рассел вспоминает, как однажды он сидел на ужине рядом с двумя приятельницами. У одной из них несколько месяцев назад скончался от рака муж. Другая переживала болезненный развод. Рассел спросил вторую, как у нее дела. Она прошептала: «Ужасно. Но я не могу позволить себе раскисать из-за какого-то развода — ведь у нее умер муж». Это идеальный пример того, как, сравнивая утраты, мы приуменьшаем значимость своих чувств.

ПРИМЕРЫ ГРАФИКОВ УТРАТ

Как только у нас формируется какая-то привычка, мы начинаем неосознанно ею пользоваться. В нашей жизни много привычек. Наверняка вы всю жизнь надеваете обувь с одной и той же ноги, никогда об этом не задумываясь. Скорее всего, вы так же, не задумываясь, одинаково пытаетесь справиться с болью потерь. Вот поэтому график утрат так важен. Нам нужно осознать, как мы переживаем потери, чтобы изменить устоявшуюся модель.

Главная цель этого задания — тщательно исследовать все печальные события вашей жизни и выявить нечто общее в способах «переживания» этих событий. Есть и другие цели. Одна — вытащить всё на поверхность. Боль от запрятанных и забытых потерь и неудовлетворенность от непережитого горя длятся долгие годы. Другая цель — упражняться говорить только правду. Мы часто бываем нечестны, хотя и не лжем. Мы попросту опускаем детали и создаем неточную картину произошедшего. Выполняя это задание, вы также сможете увидеть, к каким источникам кратковременного облегчения вы прибегали.

Нам предстоит пережить еще много утрат, и мы не хотим попадать в прежние ловушки. Как однажды сказал старый горец молодому: «Если хочешь избежать медвежьей ямы, хорошо бы прежде узнать, как она выглядит».

Чтобы составить график утрат, хорошо знать, как он выглядит. Вот график Джона.

Джон У. Джеймс

Родился 16 февраля 1944 года

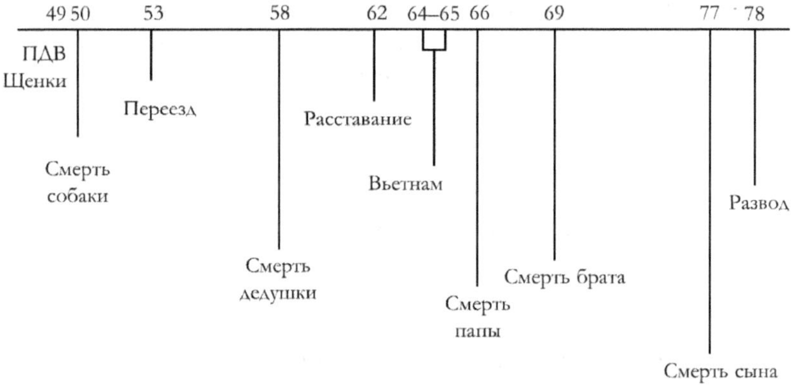

49. Щенки. Сначала я расскажу вам о своем первом детском воспоминании (ПДВ). Это рождение щенков. Была глубокая ночь, мы с братом уже спали. И вдруг нас разбудил отец. Он подвел нас к собачьей подстилке. Собака, всегда такая дружелюбная, почему-то вела себя очень беспокойно. Я помню, что немного испугался. Когда папа подвел нас поближе, я увидел рядом с ней три или четыре комочка. Скоро она начала выть и крутиться на месте. Я думал, что ей больно и хотел помочь. Но папа не дал. Он сказал, что она рожала, и ей тяжело. И тут до меня дошло, что это за комочки. Я был счастлив, испуган, горд и смущен одновременно. В итоге папе пришлось помочь ей родить последних трех щенков.

Мы с братом хотели сразу же взять щенков на руки, но нам сказали, что собаке это может не понравиться, и мы вернулись обратно в кровати. Конечно, мы не могли заснуть и провели половину ночи, обсуждая удивительное событие. Следующие две недели мы очень заботились о собаке и ждали, когда щенки откроют глазки.

Это мое самое первое детское воспоминание. То, что было до этого, я не помню.

50. Собака. Моя собака умерла (я описывал это в третьей главе).

53. Переезд. Тогда мы первый раз переехали. Дети болезненно воспринимают это событие. Мои родители всё объяснили: мы будем жить в лучшем районе и в лучшем доме, ближе к школе, у нас будет свой дом, и мы больше не будем снимать жилье. Но от этого мне не стало легче. Я скучал по друзьям.

58. Дедушка. Умер дедушка.

62. Расставание. Мы расстались с девушкой.

64–65. Вьетнам. Американское общество поставило под сомнение все заслуги наших солдат, воевавших во Вьетнаме. Для вернувшихся домой ветеранов такое отношение создало множество проблем, с которыми некоторые сталкиваются и по сей день. Страна за это дорого заплатила и продолжает расплачиваться. Во время войны погибло более 58 тысяч солдат — огромная потеря. А за годы после войны мы пережили еще большую потерю, когда в три раза больше ветеранов покончили жизнь самоубийством[51].

66. Отец. Умер отец. Я видел его лишь однажды с тех пор как вернулся из-за океана. В наших отношениях многое осталось незавершенным. Он продолжал пить, пока алкоголь его не убил окончательно. Мне было очень больно.

---

[51] Джон служил во Вьетнаме. Все, кто возвращался домой, чувствовали себя героями, но дома их таковыми не считали. Из-за этого отношения многие ветераны покончили жизнь самоубийством.

69. Брат. Умер мой младший брат — двадцатилетний студент университета, прыгун с шестом. Он был полностью здоров, ехал навестить меня в Южную Каролину, где я тогда жил. Брат путешествовал с двумя друзьями из колледжа. Они остановились на ночь и решили поспать. Проснувшись, ребята обнаружили, что мой брат мертв.

Я долго пытался найти какую-то разумную причину его смерти и, не найдя, возложил вину за случившееся на Бога.

77. Сын. Умер сын. За два года до этого у нас родилась дочь. Ее рождение было самым счастливым моментом в моей жизни. Когда жена забеременела снова, я с нетерпением ждал возможности пережить эти счастливые мгновения еще раз. Когда она была на пятом месяце беременности, возникли сложности. У жены начались преждевременные роды, и мы поспешили в больницу, где сделали всё, чтобы их остановить или замедлить. Она была подключена к разным аппаратам с мониторами, и в течение двух дней мы слышали здоровое сердцебиение малыша, зная при этом, что шансов выжить у ребенка очень мало.

Всю жизнь меня учили верить, что моя роль как мужчины, мужа и отца, помимо всего прочего, заключается в том, чтобы определять проблемы и решать их. Но тогда я осознал, что неважно, с кем я знаком и что знаю, сколько у меня денег или насколько я умен — я не могу ничего сделать. Никогда еще я не был так в себе разочарован.

Несмотря на все усилия врачей, сын родился. Первые восемь часов казалось, что все будет хорошо. Потом его состояние стало ухудшаться. Я видел в инкубаторе маленький комочек весом 900 граммов с черными волосами и не мог ничего поделать. Только стоял и смотрел на всё это оборудование, ощущая свою беспомощность.

Так продолжалось два дня. Я пытался помочь жене, потому что меня этому научили. И в этом нет ничего плохого, кроме того, что, пытаясь помочь ей, я не осознавал, какую боль испытываю сам. В конце второго дня мой сын сделал выдох и больше не вдохнул.

Не знаю, можете ли вы в это поверить, но с того момента всё покатилось под гору. Люди говорили и делали шокирующие вещи. Стало очевидным, что мы с женой не способны говорить друг с другом. Наши отношения сразу начали разваливаться. В течение следующих шести месяцев куда я только ни ходил, с кем только ни разговаривал, что только ни читал, лишь бы боль утихла. Именно тогда я обнаружил, что общество никак или почти никак не может помочь скорбящим. Я был в отчаянии.

78. Развод. Мы с женой развелись. Это произошло, потому что мы понятия не имели, как справиться с горем, что делать со всеми изменениями в нашей жизни. Мы были неопытными супругами, неопытными родителями и никогда не переживали ничего подобного — всё одновременно. Смерть сына была той последней каплей, которая переполнила чашу.

Я всё время думал о том, что могло бы быть *иначе, лучше или больше* — типичное состояние скорбящего. Если бы я не придавал большого значения высокой стоимости медицинских услуг, моя жена, возможно, посещала бы врача чаще. Вечером, когда начались преждевременные роды, у нас не было няни, и мы не понимали, насколько всё серьезно. Из-за этого я не поехал к врачу вместе с ней. Я часто сидел и думал о том, как страшно ей, наверное, было одной. Все эти мысли мелькали в голове, но я не умел[52] их высказывать. Я чувствовал отчужденность и одиночество, но при этом думал, что должен быть сильным и держал всё внутри себя. Я делал то, что умел. Моя жена думала, что если бы она не забеременела так скоро после рождения дочери, то этого всего не случилось бы. Это были ее *«иначе, лучше или больше».* Она тоже не знала о том, как важно говорить о своих чувствах. Из-за нарастающего внутреннего напряжения, которое мы оба испытывали, стали возникать ссоры. Мы ранили друг друга, скандалов становилось все больше и больше.

Когда супруги не общаются, независимо от причин, развод — лишь вопрос времени. И когда это случается, нам прихо-

---

[52] Дословно: «у меня не было навыка».

дится иметь дело с еще одной душевной раной, и снова всё идет по кругу[53].

Когда я писал эту книгу, я позвонил бывшей жене с вопросом, не хочет ли она добавить к этой истории что-то от себя. Она сказала, что в течение многих лет представления не имела о том, как смерть сына повлияла на меня. И откуда ей было знать? Тогда мне хорошо удавалось делать вид, что со мной всё в порядке.

Приступить к графику утрат может быть страшно. Так что прежде чем мы попросим вас это сделать, мы хотим поделиться с вами еще одним примером.
Вот график Рассела.

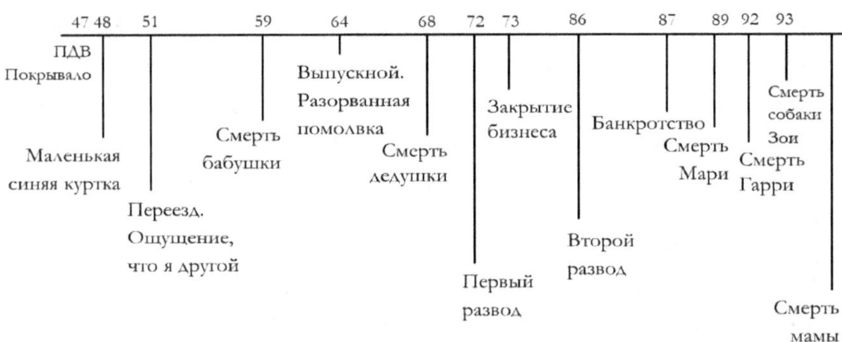

47. *Первое воспоминание.* Мое первое детское воспоминание не радостное и не грустное. Это просто воспоминание о голубом покрывале. С орнаментом в морском стиле.

48. *Маленькая синяя куртка.* Папа взял меня с собой на баскетбольную игру «Рочестер Роял». Там он купил мне куртку команды «Рочестер». Через некоторое время я ее потерял.

---

[53] Имеется в виду, что мы думаем о том, что могло бы быть «иначе, лучше или больше», но не умеем выразить эти мысли и чувства, поступая согласно навязанным нам с детства мифам и неверным убеждениям, и в результате с каждой утратой боль нарастает.

Когда папа узнал об этом, он меня отругал. Я помню, как почувствовал, что мне с папой небезопасно. После нескольких подобных инцидентов я перестал ему доверять.

51. Ощущение, что я другой, переезд в другой штат. У меня врожденная аллергия на молоко, яйца, орехи и шоколад. Из-за этого мне приходилось брать с собой в школу свою еду. И это было не единственное следствие аллергии. Я чувствовал, что очень отличаюсь от детей в классе. К тому же у меня были огненно-рыжие волосы и примерно два с половиной миллиона веснушек. Возможно, со стороны это выглядит мило, но не для того, кто всем этим обладает. Дети часто меня дразнили, и иногда очень жестоко. Я не мог постоять за себя, я чувствовал, что очень сильно отличаюсь.

Мы жили в Рочестере, штат Нью-Йорк. Зимой там очень сыро и холодно. Я страдал от астмы. Болезнь обрела такие серьезные формы, что моим родителям посоветовали переехать либо в Аризону, либо во Флориду — туда, где теплее. Я не хотел оставлять своих друзей и соседей, к которым привык, с которыми вырос. Я сказал о своих чувствах родителям. В ответ они привели разумные доводы в пользу переезда: я буду учиться в хорошей школе, у нас будет большой дом, и у папы будет хорошая работа. Никто и слова не сказал по поводу моих переживаний относительно друзей.

Мы переехали во Флориду. Во Флориде появилась другая проблема, у которой были далеко идущие последствия. Так как у меня была очень бледная кожа и рыжие волосы, сильная жара Майами и смертельные ультрафиолетовые лучи сразу дали о себе знать. Меня принуждали носить футболки в бассейне и намазывать цинковую мазь на лицо, чтобы играть на улице. Я получил несколько серьезных ожогов, и у меня развилась боязнь солнца. Я не мог играть на солнце и из-за этого был ограничен в выборе друзей. Из-за рыжих волос, бледной кожи и веснушек я чувствовал себя очень непохожим на всех остальных.

59. *Бабушка.* Умерла бабушка. Она жила с нами, с тех пор как мама вышла из декретного отпуска на работу. Бабушка заботилась о моем брате, который был на 10 лет младше меня. Тогда я и научился «быть сильным ради других».

64. *Разорванная помолвка.* Это была моя первая серьезная любовь с серьезными планами на брак и детей. Когда всё пошло прахом, я был в отчаянии. У меня не было ни знаний, ни представления, ни навыков, чтобы справиться с этой сильной эмоциональной болью. Я заканчивал колледж. Я пропускал занятия, находился в прострации и жил на автопилоте.

64. *Выпускной в институте.* Обычно выпускной воспринимается как радостное событие. И это, по крайней мере, наполовину так. С одной стороны, я был счастлив, потому что теперь я был взрослым и был волен выбирать свой собственный путь. С другой стороны, мне было грустно расставаться с людьми, с которыми я провел последние четыре года, мне было грустно покидать эти места, к которым так привык. Но никто не хотел меня услышать и понять.

68. *Дедушка.* Умер дедушка. Я не особо его любил. Он был очень неприветливый, и я его боялся. Даже когда я повзрослел, меня пугали его манеры. Перед смертью дед с моим отцом не были в хороших отношениях. Я пытался «быть сильным» ради папы.

72. *Первый развод.* Развод был для меня полной неожиданностью. Я даже не подозревал, что он может произойти. Я был в отчаянии и в смятении. Я чувствовал себя потерянным. Всё, что я знал о том, как справляться с болью — это *«быть сильным ради других»*. Но теперь этим другим был я сам. Оглядываясь в прошлое, я поражен, что до сих пор жив. Как я водил машину, как мне удалось не сбить кого-то и не погибнуть самому?! Я совершенно не мог сосредоточиться. Даже тогда я уже понимал, что потерял не только семью. У меня было ощущение, что вместе с семьей у меня отняли надежду и мечту, и я окончательно потерял доверие к людям. Мне и так всегда было трудно доверять, но развод и то, как он произошел, лишили меня последних крох доверия.

73. Закрытие бизнеса. Когда мы с женой развелись, у меня был ресторан, который мы вместе открыли. Из-за развода я ушел в себя. Я не знал[54], что мне делать со своей болью. В нормальном состоянии я хорошо умел вести дела, но тогда я совершенно не мог сосредоточиться. Я начал принимать одно плохое решение за другим, которые вели к большим проблемам. В итоге я закрыл бизнес. Я не хотел больше им заниматься.

86. Второй развод. Этот развод очень отличался от первого. Боль была нестерпимой. Разбились отношения, надежды и мечты. Но больше всего меня беспокоило то, что мне было 43 года. После первого развода я иначе ощущал себя, иначе видел свою жизнь и иначе оценивал свои шансы на успешное будущее. Теперь я был старше. Я работал там, где в основном жили пожилые люди. Я сидел и наблюдал за пожилыми парочками, думая: «С кем мне доведется провести остатки своих дней?» Мои родители и родители моей жены все еще были вместе. Я проигрывал со счетом два ноль. Я чувствовал себя полным неудачником.

87. Банкротство. Несмотря на то, что я уже пережил развод и, как следствие, потерю бизнеса, я не был готов ко второму разводу и финансовому краху. Но, судя по первым событиям, можно было предвидеть последующие. Разведясь один раз, я развелся и второй. Я развалил свой первый бизнес — потерпел поражение и во втором. Ни после одной из этих потерь я не пришел к чувству завершенности и не восстановился душевно. Накопившиеся неразрешенные чувства полностью овладели мной — из-за этого состояния я принимал одно ужасное бизнес-решение за другим. В результате мне пришлось объявить себя банкротом. А поскольку меня воспитали с убеждением, что мужчина должен быть добытчиком, я чувствовал себя самым большим неудачником на планете.

---

[54] Дословно: «у меня не было навыков...».

89. *Мари.* Умерла Мари, мама моей подруги. Мы с ней по-настоящему дружили. Мне нравилось, что она, спросив, как дела, внимательно меня выслушивала. Когда она умерла, я уже работал в Институте восстановления скорбящих. Более того, я полностью отпустил боль предыдущих потерь. Чувство завершенности, которое я обрел, позволило мне, с одной стороны, не оставлять ничего недосказанным в отношениях с Мари еще при ее жизни. С другой стороны, я прочувствовал ее смерть особенно остро. Завершив предыдущие отношения, я стал открыт к новым. А когда сердце открыто, то болезненные события по-настоящему ранят. Но именно благодаря открытости я стал сильнее любить людей. Я горевал по этой женщине — что было естественной и здоровой реакцией на утрату.

92. *Гарри.* Умер Гарри, папа моей подруги. После смерти Мари, его жены, мы с ним очень сблизились. Мы проводили многие часы, сидя на диване у него или у меня дома, за просмотром всевозможных спортивных состязаний. Ему было восемьдесят семь, но он великолепно разбирался в мельчайших особенностях любого вида спорта. Он хранил в памяти множество спортивных событий, хотя некоторые из них произошли еще до моего рождения. Наше время было для меня занимательными уроками истории. По иронии судьбы Гарри умер за несколько дней до Суперкубка. В воскресенье Суперкубка его место на диване пустовало.

93. *Собака Зои.* Умерла наша собака по кличке Зои. Это была 45-килограммовая «собачонка», которая очень любила посидеть у нас на руках (а если такая «собачонка» хочет посидеть у вас на руках, вы не будете с ней спорить). Она была замечательная и очень смешная. И как это бывает в отношениях с домашними питомцами, я любил ее всем сердцем. Она еще щенком поселилась у моей подруги и ее дочери. Когда я переехал к ним жить, собака меня приняла и стала «воспитывать». Когда Зои заболела раком, мы перепробовали все средства, но безрезультатно. Возвращаясь домой по вечерам после ее смерти, я испытывал нестерпимую боль всякий раз, когда открывалась дверь гаража. Я вспоминал, что Зои не будет встречать меня на ступеньках — и эта боль была одной из самых сильных, которые я пережил.

93. Мама. За день до Дня благодарения вдруг неожиданно умерла мама. Попробую описать, что я пережил в тот момент, когда мне об этом сказали. Я вошел в свой офис примерно в 11 утра, закончив утреннюю партию в гольф. Когда я был еще в дверях, моя помощница поднялась из-за стола и сказала: «Рассел, у меня ужасные новости. Ваша мама умерла!» Я почувствовал, будто меня со всей силы ударили в грудь. Я зарыдал. Ноги подкосились, и я стал оседать. Моя помощница и еще одна приятельница подбежали ко мне и помогли подняться. Мы обнялись, и я рыдал, рыдал...

ЧТО НЕОБХОДИМО ОТМЕТИТЬ НА ГРАФИКЕ УТРАТ

Большинство из нас связывают слова «утрата» и «скорбь» преимущественно со смертью и, возможно, с разводом. Но что еще может вызвать чувство скорби? Чтобы это понять, давайте обратимся к определению. *Скорбь — это интенсивное эмоциональное состояние, в процессе которого человек может испытывать противоречивые чувства. Скорбь возникает вследствие прекращения или изменения привычного образа жизни.* Таким образом, чувство скорби человек может испытать вследствие любых изменений.

Под это определение подпадают разные события. Например, переезд. Когда человек переезжает, всё в его жизни меняется: дом, часто место работы и его окружение. То же самое происходит в результате значительных финансовых перемен, в лучшую или худшую сторону. Изменение физического состояния влияет на наши возможности и тоже может стать причиной скорби. Обездвиживание конечностей, потеря зрения, диабет или отказ работы почек, инсульты и инфаркты вносят значительные перемены в нашу жизнь. Состояние менопаузы может вызвать у женщины и ее супруга глубокое чувство утраты. Более-менее все согласятся, что развод вызывает чувство скорби, в случае, когда разводимся мы сами. Но на нас также оказывает сильное влияние развод близких людей: родителей, детей, братьев или сестер и т. д.

Случаи насилия, пережитого в детстве (физического, сексуального или эмоционального), часто формируют у человека такие модели поведения, которые мешают ему построить с кем-то здоровые отношения, потому что нездоровые ему более привычны.

Многие события жизни соответствуют приведенному выше определению скорби. Почти всё, что оказало на вас негативное влияние, является для вас печальным событием. Читая истории утрат Джона и Рассела, вы составили представление о том, какие события являются утратами. Если вы считаете что-то утратой, отметьте это на графике. Здесь невозможно ошибиться.

ТРЕТЬЕ ДОМАШНЕЕ ЗАДАНИЕ. СОСТАВЛЯЕМ ГРАФИК УТРАТ

Итак, с предисловиями покончено, пора начинать. Мы расскажем вам — и тем, кто работает в паре, и работающим самостоятельно — как составить график утрат. Этот материал мы используем на наших семинарах.

1. На выполнение этого задания не должно уйти более часа. Возможно, в процессе составления графика вы испытаете самые разные эмоции. А может быть, их будет немного или вообще не будет никаких. Не беспокойтесь, это нормально. Имейте под рукой салфетки. И если эмоции всё же вас захлестнут, пусть будет так.

2. Выполнять задание лучше наедине и в тишине.

3. Возьмите ручку или карандаш и чистый лист бумаги. Это может быть блокнотный лист А5, а лучше лист размера А4. Положите его горизонтально на столе перед собой.

4. Посередине страницы по горизонтали начертите прямую линию. Затем едва заметными карандашными линиями разделите ее на четыре равные части. Эти отметки помогут вам понять, где расположить необходимые даты.

Рождение   Середина   Этот год

5. Например, если вам 50 лет, тогда середина для вас — 25 лет. В начале линии, слева, напишите год вашего рождения. На другом конце — сегодняшнюю дату. Затем отметьте на линии дату, к которой относится ваше первое детское воспоминание, не важно, связано оно с утратой или нет. Отметьте ее рядом с годом рождения.

6. Первое, что мы отметили на наших графиках утрат, были наши первые детские воспоминания. Если вы хорошенько покопаетесь в памяти, то обнаружите, что первое воспоминание будет относиться к периоду с двух до пяти лет. Скорее всего, ближе к пяти. Это воспоминание может быть хорошим или плохим, приятным или неприятным. Возможно, это будет событие, какое-то переживание, предмет или место. Чтобы в памяти всплыло первое детское воспоминание, мысленно вернитесь туда, где вы жили в раннем детстве. Не тратьте здесь слишком много времени. Это просто начало отсчета.

7. Не обязательно писать точные даты. Важнее, что вы чувствовали в момент той или иной утраты.

8. Задайте себе вопрос: «Какое событие стало для меня самым болезненным и сильнее всего отразилось на моей жизни?» Подумайте над ответом несколько минут.

ПРОДОЛЖИТЕЛЬНОСТЬ И ЗНАЧИМОСТЬ[55] ОТНОШЕНИЙ

Абсолютно любая потеря (без исключения) вызывает у нас определенные чувства[56]. Размышляя над своими потерями, мы осознаем, что одни отразились на нас сильнее, чем другие. Это происходит потому, что отношения имеют два компонента: первый — продолжительность, второй — значимость. Что мы имеем в виду?

Рассел ходил в одну и ту же химчистку два раза в неделю на протяжении десяти лет. Всякий раз одна и та же женщина принимала у него рубашки и рассчитывала его. Он не знал, как ее зовут, и обращался к ней просто «леди». Однажды, когда Рассел пришел забрать рубашки, его вышел обслуживать мужчина. Рассел спросил: «А где леди?». «О, она умерла!». Эта новость была для него печальной, хотя он ничего не знал об этой женщине, даже ее имени. Несмотря на то, что эти отношения длились много лет, они не были для него значимы.

В 1964 году Рассел был помолвлен с одной девушкой. Их страстные отношения продлились всего три месяца. Потом всё пошло не так, и они очень плохо расстались. С тех пор он с ней не общался. 32 года спустя Расселу позвонил их общий друг и сказал, что она умерла. Эта новость его потрясла. Хотя отношения длились недолго, они были значимы для Рассела.

1. Определите самую болезненную для вас утрату. Вспомните, когда примерно она произошла, и отметьте эту дату на линии. Проведите от нее вертикальную линию вниз до конца страницы. Кратко подпишите, что именно про-

---

55 В английском: «интенсивность».
56 Дословно: «переживается на 100 %».

изошло: «умерла мама», «умер ребенок», «развод». Не нужно подробно описывать это событие, как мы делали в примерах. Несколько слов или фраз будет достаточно, чтобы напомнить себе о произошедшем.

2. Отметив самое печальное событие, вернитесь мысленно к своим ранним воспоминаниям и начните записывать утраты, которые вы помните. С помощью длины вертикальной линии обозначайте, насколько значима для вас была утрата. Делайте краткую подпись, чтобы вы смогли вспомнить, какое событие вы отметили. Например, «умерла собака» или «закрытие компании».

Порой вы будете ловить себя на мысли, что одно и то же событие вызвало у вас как положительные, так и отрицательные эмоции. Это нормально. Для многих свадьба — самое вдохновляющее событие в жизни и в то же время день, когда они утратили свободу. Рождение малыша, с одной стороны, делает тебя самым счастливым человеком на свете, с другой стороны, пугает, потому что у тебя появляются новые обязанности как родителя. Цель этого задания — сосредоточиться на негативно окрашенных и болезненных чувствах, которые вызвали эти события. Люди, переживающие скорбь, стремятся сфокусироваться на позитивных чувствах, чтобы избежать боли. Это одна из причин, почему вы читаете эту книгу. Поэтому, даже если вам неприятно, рассматривайте каждое событие с точки зрения утраты.

Если спустя полчаса вам удалось отметить свое первое воспоминание и только одну утрату, сделайте перерыв. Бывает, мы переусердствуем и заходим в тупик. Вернитесь к графикам утрат Джона и Рассела. Они напомнят вам о случившихся в вашей жизни потерях.

Вполне нормально, если вы испытываете внутреннее сопротивление. Не поддавайтесь ему. Помните, ваша настойчивость окупится сполна. Согласно нашему опыту, большинство молодых людей чуть старше 14 лет отмечают как минимум пять потерь. Взрослые в среднем 10–15.

Не пытайтесь сделать «все правильно». Просто будьте честны. Никто не будет ставить вам оценок, вам не нужно заслуживать ничье одобрение. Выполните задание как следует, и вы получите плоды прямо пропорционально затраченным усилиям. А сейчас пора начинать!

ЧТО МЫ МОЖЕМ УЗНАТЬ, ГЛЯДЯ НА ГРАФИК УТРАТ

Поздравляем — вы выполнили задание!

История вашей жизни может открыть вам глаза. Очень важно, чтобы вы посмотрели на свои утраты и осознали, какие ложные представления вам навязали, и что вы усвоили, глядя на пример других. Здесь также важно, чтобы вы не осуждали, не оценивали и не критиковали себя за то, что обнаружили или как интерпретировали обозначенные на графике события.

Важно проявить к себе снисхождение. И придержать осуждение и критику в адрес тех, кто стал источником неверных убеждений. Не переживайте, позже у вас будет возможность выразить[57] свои мысли и чувства по отношению к ним.

Теперь, когда вы составили график утрат, пришло время его исследовать и понять, чему вы можете научиться. Глядя на прошедшие события, вы можете четко проследить, во что вас научили верить. Те, кто работает в паре, скоро увидят, сколько между вами и вашим партнером схожего. Участвующие в семинарах и в ознакомительных программах бывают поражены, поняв, как много у них общего в плане пережитых ими утрат и как схожи их реакции[58]. Да, общего много, но мы все индивидуальны. Ученые утверждают, что не существует двух похожих снежинок, кристаллов или песчинок. Но все они сделаны из одного мате-

---

[57] Дословно: «завершить».

[58] Дословно: «их отношение», их неверное отношение, сформировавшееся благодаря неверной информации, которую они почерпнули в детстве.

риала. Каждый человек так же уникален. И это задание является прекрасной иллюстрацией наших сходств и различий.

Для тех, кто работает самостоятельно. Вы, возможно, заметили, что у вас в жизни были схожие с Джоном и Расселом потери, на которые вы отреагировали таким же образом[59].

ЧЕТВЕРТАЯ ВСТРЕЧА ПАРТНЕРОВ

Начните с обязательств: заверьте друг друга в том, что вы полностью честны, сохраняете конфиденциальность и признаете, что у каждого из вас восстановление проходит по-своему. Как всегда, встретьтесь там, где ничто не будет стеснять ваши слезы. Не забудьте про салфетки.

Эта встреча будет отличаться от предыдущей. Мы составили новые рекомендации, которые подскажут вам, что в точности надо делать. Внимательно их прочитайте. Эффективность восстановления зависит от того, насколько вы будете их придерживаться.

Работа в паре имеет свои преимущества. Одно из них — возможность озвучить написанное. Благодаря рекомендациям, которые формировались на протяжении 20 лет нашей работы, вы сможете извлечь из этого задания максимальную пользу. Пожалуйста, следуйте им неукоснительно.

Не забудьте взять с собой график утрат и два других списка — мифов и источников кратковременного облегчения — которые вы уже обсудили.

Рекомендации для того, кто слушает

1. Сядьте на достаточном расстоянии от партнера, чтобы говорящий не был стеснен и не чувствовал себя неловко.
2. Когда ваш партнер говорит, вы можете смеяться или плакать, если это уместно, но *вам нельзя говорить!*

---

59 См. выше.

3. Не прикасайтесь к партнеру. Прикосновение может помешать ему до конца выразить свои чувства.
4. Слушайте всем сердцем[60]. Будьте здесь и сейчас, чтобы действительно услышать своего партнера.

Рекомендации для того, кто говорит

1. Постарайтесь рассказать свою историю утрат за полчаса или меньше. Важно не превратить встречу в длинный монолог, это не будет для вас полезно.
2. Если вы заплакали, старайтесь продолжить свой рассказ. Выталкивайте слова из себя — не глотайте их. Обычно люди подавляют свои чувства.
3. Когда вы завершите свою историю, попросите партнера обнять вас (если объятия приемлемы для вас обоих).
4. Затем в течение нескольких минут расскажите еще раз о неверных представлениях и убеждениях, которые вы приобретали после утрат, а также об источниках кратковременного облегчения, к которым прибегали. Это прекрасная возможность увидеть, каким образом неверные убеждения помешали вам оправиться от потери.

Сделайте небольшой перерыв, и затем пусть партнер расскажет свою историю утрат.

Запланируйте следующую встречу.

Для тех, кто работает самостоятельно

Поскольку вы работаете один, возможно, вам помогут истории утрат Джона и Рассела. Просмотрите их еще раз и взгляните на свой график. Найдите, чем они схожи и чем отличаются. Еще раз взгляните на свои источники кратковременного облегчения. Улавливаете ли вы какую-то взаимосвязь между ними

---

[60] Если перевести дословно, авторы предлагают слушающему представить себя «сердцем с ушами».

и вашими утратами? Пробегите глазами по своему списку ложных убеждений. Находите ли вы какую-то взаимосвязь между ними и печальными событиями вашей жизни?

ТРЕТЬЯ ЧАСТЬ

Находим решение

Вот мы и подошли к третьей части книги. Чтобы отпустить боль[61], вызванную значимой утратой, необходимо предпринять пять шагов. Для этого от вас потребуется открытость ума, огромное желание и смелость. Вот эти шаги с кратким пояснением:

1. Осознать, что есть эмоциональная незавершенность.
2. Взять на себя ответственность: отчасти вы сами являетесь причиной незавершенности.
3. Определить, что осталось невысказанным.
4. Предпринять действие: выразить свои мысли и чувства.
5. Двинуться дальше: оставить всё сказанное позади и попрощаться с болью.

---

[61] Буквально «завершить боль».

10

Что такое незавершенность

В этом пособии мы время от времени рассказываем, как преподносим свой материал на семинарах. Большую его часть легко перевести в формат книги, но что-то надо чуть больше пояснить. Среди непростых задач — растолковать, что же в точности представляет собой эмоциональная незавершенность.

На трехдневном семинаре нам удается это донести с помощью нескольких вопросов. На второй день мы спрашиваем одного из участников, появились ли у него о ком-либо положительные мысли или чувства. Если ответ «да», мы уточняем, какие именно. Ответы обычно следующие: «Меня восхитила ее смелость» или «Мне понравилось, что он такой открытый». Мы спрашиваем: «А вы сказали ему или ей об этом?» Собеседник отвечает, что нет. Тогда мы задаем следующий вопрос: «А что, если бы этот человек умер, прежде чем вы ему об этом сказали? Кто из вас остался бы с невысказанными чувствами и мыслями[62]?» Ответ: «я». Затем мы спрашиваем: «Если всего за один день общения с незнакомцем у вас появляется чувство незавер-

---

[62] Здесь и далее undelivered communication.

шенности, каких же масштабов оно достигает за целую жизнь общения с членами семьи, друзьями и другими людьми?»

Не только значительные события оставляют нас с чувством незавершенности. Это чувство также возникает, когда накапливаются незначительные, но значимые для нас мысли и чувства, которые мы не высказываем. Важно завершить то, что осталось незавершенным.

Иногда чувство незавершенности возникает из-за наших действий или бездействия. Иногда оно возникает в силу неподвластных нам обстоятельств.

Вот одна печальная история, которая это иллюстрирует.

Мальчик бежал через двор на школьный автобус. Мама крикнула ему вслед: «Тимми, заправь рубашку, что подумают соседи?» Через несколько часов полиция постучала в дверь их дома. Ее сын Тимми погиб в результате нелепого несчастного случая на школьном дворе.

Помимо невообразимой боли, которая раздирала сердце матери, о какой своей фразе, вы думаете, она сожалела? Мы не хотим сказать, что если бы она сказала Тимми напоследок что-то другое, ей было бы не так больно. Мы говорим о том, что ее последняя реплика к сыну относится к той категории произошедшего, о чем мы жалеем и хотим, чтобы это произошло *иначе, лучше* или этого было *больше. Мы редко можем предположить, что видим или общаемся с человеком в последний раз.* Нет ничего необычного в том, что мы планируем обсудить с кем-то некоторые темы позже. Нет, мы не откладываем их на неопределенное время, просто планируем поговорить об этом позже. В случае смерти этого человека или развода всё то, что мы оставили на потом, часто становится составляющими чувства незавершенности.

Но это чувство возникает не только в результате смерти или развода. Часто, когда мы размышляем о сложных отношениях с теми, кто жив — родителями, братьями и сестрами или другими людьми — мы осознаем, что что-то могло быть в них иначе, *лучше или больше*. Слишком часто именно невысказанность[63] затрудняет развитие этих отношений.

Иногда незавершенность возникает или усугубляется из-за того, что люди не дают нам возможности сказать то, что для нас важно. А поскольку мы не можем заставить их слушать, мы часто оказываемся словно в западне, со своими невысказанными чувствами, позитивными или негативными. Иногда мы боимся сказать то, что у нас на душе. Или ждем подходящего случая. Иногда он так и не наступает. Или мы забываем, что хотели сказать. Или нас что-то отвлекает. А потом кто-то умирает. И мы так и остаемся со своей невысказанностью.

Одним словом, эмоциональная незавершенность возникает, когда у нас не получается донести до кого-то свои чувства и мысли. Иногда мы не знаем, верно ли мы поступили, правильно ли что-то сказали. И это также может вызвать ощущение незавершенности. Порой мы не до конца уверены, услышал нас человек или нет и услышал ли он именно то, что мы хотели сказать. И это также оставляет нас с чувством незавершенности.

Пожалуйста, поймите следующее. Вы ощущаете незавершенность не потому, что вы плохой или с вами что-то не так. Просто в силу каких-то обстоятельств, действий или бездействия вы были лишены возможности прийти к чувству завершенности.

КАК ОПРЕДЕЛИТЬ, ЧТО НЕ ЗАВЕРШЕНО?

По сути, график утрат отражает все ваши прошлые печальные события. Чуть ниже мы поможем вам определить, от каких потерь вы до сих пор не оправились. График утрат может вы-

---

[63] Здесь и далее undelivered communications.

звать разнообразную гамму чувств, связанных с упомянутыми в нем людьми, событиями и отношениями. Когда вы вспоминаете об утрате, вам может стать грустно. Это совершенно нормально.

Ваша цель — найти незавершенные отношения. Чтобы это сделать, важно научиться различать печаль и боль. Вот несколько подсказок, которые могут быть вам полезны:

1. Если вы не хотите думать или говорить о том, кто умер, или о какой-то другой утрате, это может означать, что скорбь не завершена.
2. Если теплые воспоминая о ком-то или о чем-то оборачиваются болью, возможно, ваша скорбь все еще не завершена.
3. Если, рассказывая об отношениях, вы хотите говорить только о хорошем, возможно, вы испытываете незавершенную скорбь.
4. Если вам хочется говорить только о плохом в отношениях — это может быть знаком незавершенной скорби.
5. Именно она может быть корнем всех страхов, связанных с этими отношениями.

Любые изменения в жизни вызывают у нас какие-то чувства. Большинство этих изменений незначительны и едва ощутимы или неощутимы вообще. Но некоторые значительно меняют наше отношение и взгляды на жизнь. И чем сильнее чувства, которые вызывают изменения, тем выше вероятность, что эти чувства не завершены.

Часто людей побуждает прийти на наши семинары и ознакомительные программы недавняя утрата. Но когда они вступают на путь восстановления, они вдруг осознают, что в их жизни есть и другие незавершенные отношения. Возможно, и вы в процессе работы с книгой придете к такому же выводу.

ВЫБИРАЕМ САМУЮ БОЛЕЗНЕННУЮ УТРАТУ

Вы готовы к тому, чтобы определить самую болезненную[64] для вас утрату? Это может быть чья-то смерть. Тем не менее, помните, что утрата — это не только смерть. Для многих развод — событие, которое оставляет их с чувством незавершенности. Отношения с живыми людьми — родителями, братьями и сестрами, другими родственниками и друзьями — также могут быть не завершены.

Вот, что нужно сделать:

1. Положите перед собой листок, на котором изображен график утрат. Обведите те утраты, от которых вы пока, как вам кажется, не оправились[65]. Будьте честны с собой. Неважно, сколько утрат вам придется обвести, и как давно они произошли. Если вы не можете понять, пережили вы какую-то утрату или нет[66], обведите ее.

2. Оценивайте утраченные отношения с точки зрения продолжительности и значимости для вас и положитесь на свои ощущения: что еще не завершено и причиняет вам боль? Будьте с собой честны. Если у вас умер ребенок в младенческом возрасте, ваши отношения с ним были непродолжительны, но крайне значимы. Тогда смерть ребенка может быть самой болезненной потерей, с которой вам надо начать.

3. Есть большая вероятность того, что утрата, которая побудила вас взяться за книгу, окажется не той, с которой вы

---

[64] Дословно: «самую незавершенную».
[65] Дословно: «утраты, которые до сих пор не завершены».
[66] Или «достигли ли вы чувства завершенности...»

решите начать. Если так, пускай. Тем не менее, мы бы не хотели, чтобы вы выбрали менее болезненную потерю, потому что боитесь или избегаете ту, которая причиняет вам наибольшие страдания.

4. Возможно, потеря, которая причиняет вам сильную боль, не обозначена на вашем графике. Учтите, что самые незавершенные отношения могут быть с человеком, который еще жив, и поэтому его нет в разряде «потерь».

5. Постарайтесь определить самую значимую для вас утрату методом исключения в течение часа. Иначе вы запутаетесь. Главный вопрос, на который надо ответить: «Какая утрата больше всего не дает мне покоя?»

6. Выберите одну. Вряд ли вы сильно ошибетесь, решая, с каких отношений начать. Если в вашей жизни есть несколько незавершенных отношений, со временем вы разберете их все. *Обратите внимание: вы не можете работать над отношениями сразу с обоими родителями. Вам нужно разобрать отношения с каждым из них по отдельности.* На данный момент мы хотим, чтобы вы выбрали отношения, которые вызывают самую сильную боль или другие сильные чувства[67].

С КАКОЙ УТРАТЫ НАЧАТЬ — ДОПОЛНИТЕЛЬНЫЕ РЕКОМЕНДАЦИИ. И О ДРУГИХ УТРАТАХ

Все эти годы люди спрашивают, с какой утраты начать. Часто этот вопрос задают те, у кого умер родитель, когда они были еще маленькими, в возрасте до 10 лет. Несмотря на то, что эта утрата сильно повлияла на их жизнь, они задаются вопросом, верно ли начать именно с нее.

Нас также спрашивают о потерях другого рода, которые не связаны со смертью и разводом. Эти вопросы часто касаются

---

[67] Дословно: «или самые незавершенные чувства».

алкоголизма, психических заболеваний, болезни Альцгеймера близких людей и ей подобных, а также разного рода насилия. Многие спрашивают, как быть с потерей веры, успеха на профессиональном поприще или утратой здоровья.

На странице 175 начинается четвертая часть книги под названием «Еще о выборе и других утратах». Там вы найдете дополнительные пояснения о том, как выбрать наиболее болезненную для вас утрату, и руководство, которое поможет отпустить боль «других потерь». Даже если вы уже определились, с какой утраты начнете, мы предлагаем вам сперва прочитать четвертую часть, и только потом приступать к упражнению, описанному в 11 главе.

11

График отношений

Чтобы воссоздать точную картину отношений, мы предлагаем придерживаться определенного формата. За годы работы мы разработали очень простой способ, который наверняка поможет вам определить, что осталось незавершенным.

И, как всегда, мы советуем вам не «срезать путь». Если вы будете в точности придерживаться наших рекомендаций, вас наверняка ждет успех. Проблемы чаще всего возникают, когда человек пытается внести какие-то изменения.

ГРАФИК ОТНОШЕНИЙ ОТЛИЧАЕТСЯ ОТ ГРАФИКА УТРАТ

Составляя график утрат, мы сосредотачивались на потерях. Мы отмечали печальные, болезненные и негативные события, которые смогли вспомнить. Цель графика отношений — рассмотреть отношения, каждые по отдельности, во всей полноте и подробностях. Приятные и счастливые события мы будем отмечать сверху, а неприятные и печальные — снизу от основной линии.

В какой-то момент после утраты мы начинаем переосмысливать прошлое, пытаясь найти недосказанное или незавершенное. Переосмысление начинается почти сразу после утраты, осознаем мы это или нет. Мы мысленно возвращаемся к одному и тому же снова и снова, стараясь прийти к чувству завершенности. Цель графика отношений — помочь осознанно подойти к этому процессу: найти то, что осталось незавершенным, и завершить.

ЗАВЕРШИТЬ — НЕ ЗНАЧИТ ЗАБЫТЬ

Чтобы оправиться от потери, необходимо прийти к чувству завершенности[68]. Это не значит забыть любимого человека. Завершить — значит отпустить боль[69], вызванную потерей. Мы завершаем то, что осталось незавершенным к моменту утраты. Единственное, что может вас сейчас остановить, — это страх, что вы забудете любимого человека. *Но это невозможно!*

В любых отношениях существуют три аспекта: физический, эмоциональный и духовный.

Смерть прекращает физические отношения. Мы больше не можем касаться или разговаривать с любимым так, как раньше. Развод резко меняет физический аспект отношений с нашим супругом. Мы не касаемся его и не общаемся, как прежде.

Эмоциональный аспект отношений — это наши чувства к человеку (или домашнему питомцу). И не только приятные, но также болезненные и негативно окрашенные. В случае смерти любимого или развода нам необходимо осознать[70], что осталось незавершенным в этих отношениях, и завершить. Несмотря на то, что физические отношения прекратились или изменились, мы по-прежнему испытываем какие-то чувства к человеку[71].

---

[68]   Дословно: «чтобы разрешить эмоционально незавершенную утрату, мы должны ее завершить».

[69]   В английском complete our relationship to the pain дословно: «завершить свои отношения с болью».

[70]   Буквально «обнаружить».

[71]   Буквально «эмоциональные отношения продолжаются в нашей памяти».

Духовный аспект определить труднее. Духовность каждый понимает по-своему. Ради наших целей давайте решим, что духовные отношения — это не физические и не эмоциональные. Это нечто неосязаемое, что позволяет ощущать связь с другими людьми. Духовная связь также не завершается со смертью или разводом.

Поскольку скорбь — нормальная и естественная реакция на утрату, продиктованная чувствами, в этой книге мы в основном говорим о чувствах. Чувство завершенности дает нам возможность примириться[72] с болезненной реальностью, в которой наши физические отношения с любимым закончились.

Душевное восстановление изменит качество вашей жизни. Завершение незавершенного не противоречит никаким религиозным, философским или духовным воззрениям о том, что вы снова встретитесь на небесах.

ПРАВДИВЫЕ ВОСПОМИНАНИЯ

Ранее мы писали о том, что скорбящие склонны представлять умерших в нереальном свете. Навряд ли вы сможете прийти к чувству завершенности в отношениях с тем, кого считаете ангелом или исчадьем ада. Вы сможете оправиться от потери[73] только тогда, когда признаете правду. Если вы помните, первое обязательство, которое вы взяли на себя, начав читать эту книгу, — говорить правду. Когда мы идеализируем человека или, наоборот, очерняем его — это *не соответствует правде*.

Мы говорили с теми, кто только что пережил смерть любимого человека. Как быстро они начинали представлять его идеальным, не совершившим за всю жизнь ни единой ошибки. Они говорили только о его положительных чертах. От таких людей мы можем даже услышать: «Мне нужно было больше его ценить, когда он был рядом. Он был идеальным мужем». Подобные комментарии мы также слышали и от тех, кто пережил

---

[72] Буквально «стать полным».
[73] Буквально «завершить вашу потерю».

разрыв долгих романтических отношений и развод. *В таких преувеличенных и однобоких воспоминаниях выражается душевная боль человека, который не знает, как донести правду.*

Как бы вы ни любили того, кто умер, или даже того, с кем вы теперь в разводе, он или она не были совершенством, как несовершенны и вы. Все взаимоотношения, даже самые идеальные, имеют свои радости и печали. Если вы будете хранить в своих воспоминаниях не реальную, а вымышленную картинку любимого человека, вы не сможете прийти к чувству завершенности. Верные воспоминания гораздо сильнее фантазий, и ценить их вы будете больше, чем выдумку.

ПРАВДА — КЛЮЧ К ИСЦЕЛЕНИЮ

Восстановление возможно только тогда, когда мы полностью честны о себе в отношениях с другими. Но поскольку мы все люди, для нас практически невозможно не иметь впечатлений и мнений о других. Поэтому мы должны учитывать, что наше восприятие может помешать полному восстановлению. Чрезмерная критичность к тому, что сделали или чего не сделали другие, ведет нас к искаженной оценке наших с ними отношений. Мы подскажем вам, что необходимо сделать, чтобы найти баланс между вашими чувствами и реальностью происходящего.

Может показаться, что эта книга имеет своей главной целью помочь прийти к чувству завершенности в отношениях с «любимым человеком», который умер. Мы уверены, что многие читающие эту книгу скорбят из-за незавершенности в отношениях с тем, кто им не нравился. Возможно, вы испытываете чувства сильной обиды или даже ненависти. Даже в этом случае наша программа будет для вас полезна. Нам есть что сказать об обидах, и мы поговорим о них чуть позже.

Мы глубоко рассмотрим каждые отношения, чтобы найти[74] в них то, что могло бы сложиться *иначе, лучше или больше,*

---

[74] Буквально «обнаружить».

а также свои несбывшиеся надежды, ожидания и мечты о будущем. Мы будем стараться отыскать то, что нам надо было сказать или то, чего не следовало говорить. Будем искать то, что мы должны были сделать или что нам совсем не стоило делать. И постараемся понять, каких слов и поступков мы ожидали от других людей.

Есть отношения, в которых мы и нас любили больше, чем в других. И, конечно, некоторые отношения более завершены. Однако мы пока не встречали человека, у которого не осталось бы ощущения недосказанности[75]. Мы встречали людей, которые боялись или не хотели честно взглянуть на свою часть того, что, возможно, осталось незавершенным. Мы встречали людей, которые в силу своих заблуждений были уверены, что их честность может обидеть умерших.

Мы хотим еще раз подчеркнуть, что цель программы — не разрушить воспоминания или навредить отношениям. Вся болезненная правда останется личным признанием, сделанным самому себе или партнеру, который взял на себя обязательство хранить конфиденциальность.

ДАЖЕ ДОЛГАЯ БОЛЕЗНЬ УМИРАЮЩЕГО МОЖЕТ ОСТАВИТЬ НАС С ЧУВСТВОМ НЕЗАВЕРШЕННОСТИ

Вопрос: если любимый человек долго болел, и вы заботились о нем или о ней 24 часа в сутки и много общались, есть ли вероятность, что между вами останется какая-то незавершенность? Ответ: да!

Почему? Отчасти потому, что оба — и больной, и опекающий — были заняты насущными заботами, лечением и облегчением боли. Отчасти потому, что невозможно прямо сказать человеку всё, что вы бы сказали о нем кому-то другому. И, в конце концов, потому что именно смерть побуждает вас переосмыс-

---

[75] В английском: who had no undelivered emotional communication at all.

ливать отношения, что само по себе невозможно, пока дорогой человек еще жив. Позвольте привести пример. Если вам приходилось когда-нибудь долго ухаживать за тяжело больным любимым человеком, вы вспомните, что как бы вы ни готовились, как бы ни хотели принять неизбежное, его смерть стала для вас ударом. Осознание конечности жизни и реальности смерти усиливает способность мозга искать незавершенное в утраченных отношениях.

А при разводе всё так же? И да, и нет. Развод — это смерть отношений, а также связанных с ними мечтаний, надежд и ожиданий. Чувство, что отношения подошли к концу, могут появиться задолго до того, как предприняты какие-либо шаги к официальному разводу. У некоторых они возникают, когда они идут подавать заявление. У других — когда получено свидетельство о разводе. Когда приходит осознание реальности, оно побуждает разум и сердце судорожно искать то, что осталось незавершенным. В то время как смерть автоматически приводит к концу физических отношений, развод их видоизменяет.

НАДЕЖДЫ, МЕЧТЫ И ОЖИДАНИЯ

Со смертью близкого вы теряете не только отношения. Вместе с человеком умирают надежды, мечты и ожидания. То же самое происходит при разводе и расставании пары.

Когда отношения складываются хорошо, наши надежды и мечты связаны с совместной жизнью с любимым человеком и всеми событиями, которые, скорее всего, произойдут со временем. Многие пары с нетерпением ждут пенсии. Они строят большие планы, мечтают о путешествиях и возможности посвятить больше времени любимым занятиям и обзавестись новыми увлечениями. К сожалению, слишком часто один из супругов умирает прежде, чем им удается осуществить

эти планы. В других хороших отношениях мы тоже представляем себе наше совместное будущее. Со смертью человека умирают и эти картины.

Когда отношения складываются плохо, мы надеемся, что однажды мы сможем наладить мосты, или что другой извинится за причиненную нам боль (с нашей точки зрения). Многие выросли в неблагополучных семьях, их родные пили или вели непристойный образ жизни. Будучи детьми, многие не знали, что можно жить иначе. Кто-то из них, повзрослев, понял, что у них не было нормального, здорового детства. Важно, чтобы они отгоревали эту утрату и смогли отпустить свою детскую боль[76]. Для этого им нужно оглянуться назад и увидеть, какими могли бы быть их нормальные надежды, мечты и ожидания.

У некоторых людей ужасные отношения с родителями или братьями и сестрами. Иногда им удается разрешить противоречия и наладить отношения. Когда они воссоединяются, у них тут же появляются нормальные надежды, мечты и ожидания о будущем. Слишком часто эти возрожденные отношения прерываются внезапной смертью. «Я наконец-то обрел отца! Нам так много нужно было успеть. Но у него случился инфаркт, и он умер, прежде чем мы успели насладиться отношениями друг с другом».

Необходимо, чтобы вы осознали, насколько сильно чувство незавершенности, связанное с событиями в будущем. Вы увидите и услышите много того, что напомнит вам о планах, которые были у вас с умершим или с бывшим супругом. Важно завершить сейчас как можно больше незавершенных чувств. Это поможет вам в будущем, когда вы столкнетесь с другими напоминаниями.

---

[76] Дословно: «завершить боль».

ГРАФИК ОТНОШЕНИЙ

Ниже мы подробно расскажем, как начертить график отношений. Давайте начнем с примеров.

График отношений Джона с его младшим братом

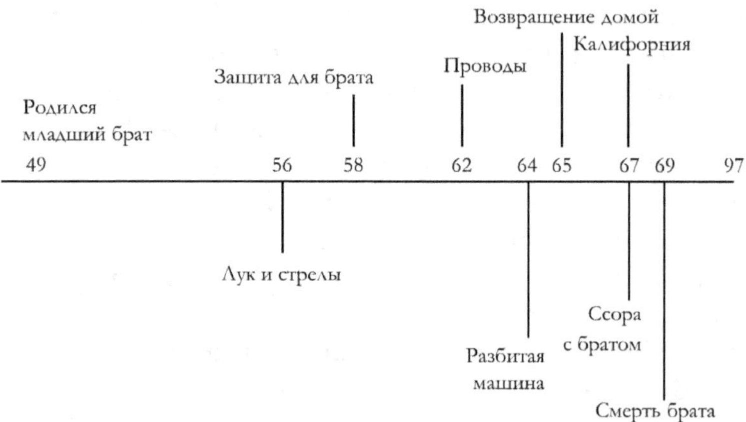

49. Родился мой младший брат. Это ни над, ни под линией. Я хочу рассказать вам историю о том, как неверно я понял маму. Я точно заметил, что она беременна, и, скорее всего, спросил, что это значит. Мама сказала, что у меня будет братик или сестренка, и я очень обрадовался. Но у меня было неверное представление: я думал, что этот ребенок сразу, как родится, будет размером с меня. У меня уже был старший брат, так что я знал, что братья — ростом с меня. Когда родители принесли его домой, я был потрясен. Он был такой маленький, что с ним нельзя было даже играть в мяч. Вот мое первое воспоминание о младшем брате.

56. Младший брат сломал мой лук и стрелы. Я очень разозлился. Я сказал, чтобы он не трогал их, но ему было семь лет, и он хотел делать то же, что и старшие братья. Я был груб с ним, и он расплакался.

58. Брат приходит ко мне за утешением и защитой. Родители ссорились, и ему было очень страшно. Он пришел ко мне, залез под одеяло и спросил, может ли остаться. Я был так горд, что брат чувствовал себя со мной в безопасности.

62. *Я иду в армию.* Мои братья, старший и младший, устроили для меня проводы. Они сказали: «Мы любим тебя. Береги себя!» Я всегда знал, что они меня любят, но слышать эти слова было очень приятно.

64. *Младший брат разбил мою машину.* Я был за границей и не разрешал брать мою машину. Брату было 15 лет, и он никого не слушал. Однажды, когда мама была на работе, он решил покататься. Поездка закончилась у первого телеграфного столба.

65. *Я вернулся из армии.* Дверь открыл брат — я глазам своим не поверил: как сильно он вырос — стал выше меня. Он был хозяином в доме. Я гордился им.

67. *Мой младший брат живет со мной в Калифорнии.* Если вы заметили, вертикальная линия идет и вверх, и вниз. У нас были и хорошие времена, и трудные. Он не хотел приходить домой, когда я ему говорил. Я понял, что значит быть родителем. Он не хотел застилать постель, заправлять машину, много болтал по телефону со своей подругой, которая осталась дома, и нам приходили гигантские счета. В то же время мы вместе гуляли, смеялись и здорово проводили время. Мы с ним стали друзьями.

В этот же год мы очень сильно поссорились. Он стал заводить разговоры о женитьбе. Я считал это несвоевременным. Мы разругались. В конце концов, брат остался в колледже, и всё улеглось само собой. Но на душе остался неприятный осадок, а я так и не нашел время поговорить с ним об этом.

69. *Мой брат умер.* Последний раз мы поговорили по телефону. Брат с друзьями ехал ко мне в Калифорнию. Они остановились на день в Лас-Вегасе и решили отдохнуть. Ребята никогда не были там раньше и захотели посмотреть на ночной город. Брат позвонил мне. Как обычно, у него закончились деньги, и он хотел немного «занять». Я посоветовал ему пойти в гостиницу, где работали мои знакомые, и они дали бы ему немного денег. Я сказал: «До завтра» и повесил трубку.

«Завтра» я его не увидел. Он умер тем вечером. Как бы я хотел, чтобы в том разговоре я произнес: «Я тебя люблю». Мне бы хотелось, чтоб и в других разговорах мы были более честными и больше говорили о чувствах.

Брат Джона прожил 20 лет. Все эти годы они хорошо общались. Джон любил своего брата. Тем не менее, когда он чертил график этих отношений в первый раз, он вспомнил немного. Когда же события стали всплывать в его памяти, они, на первый взгляд, казались незначительными. Однако вместе с ними вспоминались и чувства, которые он испытал тогда, не отдавая себе в этом отчета. Это было его *иначе, лучше или больше.*

Теперь мы обратимся к графику отношений Рассела. То, что ему не удалось высказать в свое время, выделено жирным шрифтом.

График отношений Рассела с его бывшей женой Вивьенн

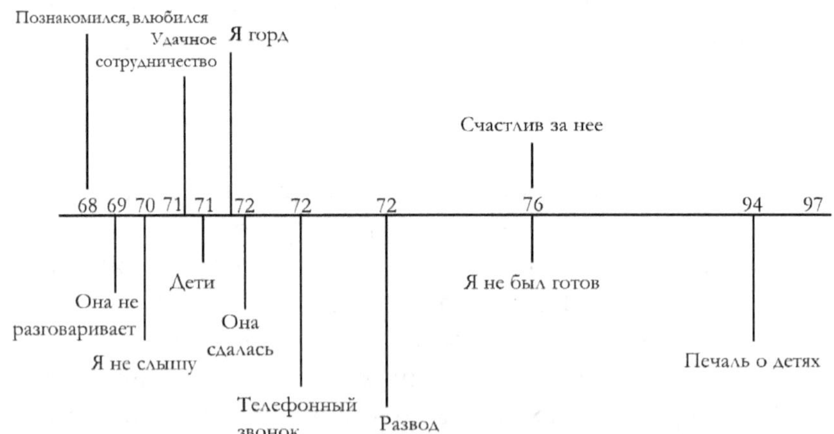

68. Мы познакомились в воскресенье. Ее звали Вивьенн. Мы поженились во вторник. Для меня она была Единственной. Я был вне себя от счастья. Вивьенн была такой милой. Она приехала из Лондона и казалась очень искушенной. Оглядываясь назад, я понимаю, что, хотя ей было всего 19, благодаря британскому акценту и лондонским манерам она казалась старше. Мне было 25.

69. *Она порой расстраивалась из-за меня.* Но обидно не это. Обидно то, как она доносила до меня причины своего расстройства или не доносила вообще. Она и так была тихой, но, когда возникали проблемы, становилась еще тише. **Мне нужно было простить ее за нежелание и неспособность сказать, что было не так.** Я часто не понимал, что происходит, и мне оставалось только гадать, что же ее расстраивает. Это меня очень огорчало.

70. *Я сам знаю, как нужно управлять бизнесом.* Я очень разговорчивый, уверенный в своей правоте и могу легко подавить своим мнением. Сколько она ни старалась, ей не удалось повлиять на мои обреченные на провал идеи. Она пыталась меня переубедить, но я заваливал ее аргументами в свою пользу. Многие решения, которые я принял тогда, привели наш бизнес к серьезным проблемам в будущем. Я не сомневаюсь, что они отчасти также стали причиной развода. Оглядываясь назад, я понимаю, что должен был извиниться перед ней за свою категоричность и давление. Я не только сожалею о том, что случилось со мной и с бизнесом, но **мне искренне жаль, что я был неспособен слышать и принимать ее помощь.**

71. *Своими талантами мы прекрасно дополняли друг друга в нашем ресторанном бизнесе.* Мы были очень разными людьми, с непохожими характерами и разными навыками. Я был дружелюбным хозяином, который везде лез со своими советами, а она была талантливым кулинаром и пекарем. **К сожалению, я так никогда и не удосужился ей сказать, как сильно ценил ее таланты и как был благодарен ей за гармонию, которую она внесла в деловую часть нашей жизни.**

71. *Она хотела иметь детей.* Да, мы были разными по характеру. Но мы во многом сходились во мнениях и мировоззрении. По большому счету мы были в единстве относительно наших действий и планов. За исключением одной важной области. Вивьенн хотела детей. Ей это казалось очень важным. Пережив трудное детство и обретя, наконец, долгожданную свободу, я не был готов к детям. **Мне нужно было простить ее за то, что этот вопрос сыграл определенную роль в ее желании развестись. Мне также нужно было извиниться за то, что я не понимал и не сказал ей правду о себе раньше.**

За четыре бурных года совместной жизни мы испытали огромную радость. Мы развлекали знаменитостей, и они развлекали нас. Мы были всеобщими любимцами. Было здорово посещать с ней разные мероприятия. У нас была очень насыщенная жизнь, и мне редко удавалось остановиться и сказать ей о своих чувствах. Хотя мы обязательно говорили «я люблю тебя» на ночь, **я так и не сказал, сколько она для меня значила, как я гордился тем, что могу быть рядом с ней и как она прекрасна.**

Я с головой был погружен в наш ресторанный бизнес, но не понимал, что происходит в нашем браке. *Я уже упомянул, что должен был извиниться за свою властность.* Но было бы неверно заключить, что только я и мои недостатки разрушили отношения. Хотя мне нужно было извиниться за свою самоуверенность и давление, **мне нужно было простить ее за безропотность и нежелание бороться за то, во что она верила. Мне нужно было простить ее за то, что она отступила и сдалась.**

72. *Она подает на развод.* Это повергло меня в огромное замешательство. С одной стороны, я был счастлив и не осознавал, что в раю есть проблемы. У нас был успешный бизнес и, насколько я мог судить, счастливый брак. С другой стороны, как я вижу это сейчас, из-за всех нерешенных проблем ее «чайник» закипал. Однажды Вивьенн позвонила мне и сказала, что уходит и подает на развод. Я ясно помню тот телефонный звонок. Она не попыталась поговорить со мной лично, она сообщила мне об этом по телефону. **Для меня это был еще один пример того, насколько она не умела общаться, и мне нужно было простить ее за то, что она так поступила.**

Развод стал для меня неожиданностью. Первые несколько недель после развода я, наверное, что-то делал и о чем-то говорил, но почти ничего не помню. Все, что я знал: когда приходит горе, надо *«быть сильным ради других»*. Теперь же этим «другим» был я сам. Что мне было делать? В то время у меня случилось откровение. Меня осенило, что больше всего в наших отношениях меня удручало ее нежелание говорить о проблемах. С другой стороны, я понял, что, когда она всё же говорила, я не слушал. Я не знал, что делать с этим откровением. **Гораздо позже я понял, что мне нужно было простить ее за то, что она не говорила, и попросить у нее прощения за то, что я не слушал.**

С разводом завершились наши супружеские отношения. И несмотря на то, что муж и жена больше не живут вместе, они испытывают какие-то чувства друг к другу и как-то связаны. Эмоциональный и духовный аспекты отношений при разводе часто меняются гораздо сильнее, чем после смерти близкого человека. Более чем за 25 лет, прошедших после развода с Вивьенн, несколько значимых событий помогли мне обнаружить, что еще осталось незавершенным в моих с ней отношениях.

76. Вивьенн рассказала мне, что они с мужем усыновили двух мальчиков. Вскоре после этого она забеременела и родила девочку. У меня были смешанные чувства. Конечно, я был очень рад за нее. Я всегда верил, что она будет потрясающей матерью. Но какая-то часть меня испытывала боль. Я вспоминал свои прежние надежды, мечты и ожидания, которые у меня были, когда мы жили вместе. **Мне нужно было простить ее за то, что она не дождалась, пока я стану готов иметь детей.**

(Есть еще одна последняя важная деталь, которая касается наших отношений с Вивьенн. В 1974 году я познакомился и женился на Джинн. Когда мы с Джинн сошлись, ее дочери Келли было пять лет. И теперь я уже долгое время являюсь отцом Келли. Таким образом, я смог прочувствовать, что значит быть родителем. Келли — радость мой жизни, и я ценю наши отношения.)

94. Моя близкая подруга удочеряет девочку и называет ее Габриэль. Ее быстро стали звать Габи, а еще быстрее она завоевала мое сердце. Ей было семь месяцев, когда она пришла в мою жизнь. Я сразу назначил себя ее дядей номер один. Специально для нее я установил детское сиденье в своей машине. С первых дней она могла крутить мной одним своим маленьким пальчиком. Поначалу моя подруга Элис была смущена тем количеством внимания, которое я уделял этому ребенку. Да и сам я недоумевал от того, что происходит.

Однажды, когда я проводил семинар по восстановлению скорбящих, я начал говорить о Габи. Вдруг на глаза накатились слезы. Я понял, что произошло. Келли было пять лет, когда она вошла в мою жизнь. Я никогда не нянчился с младенцем. Хотя я был всего лишь «дядей», я многое дал Габи. Я учил ее ползать, ездить на пони, играть в лапту и бросать бейсбольный мяч.

Когда до меня это дошло, я был ошеломлен, осознав, *что именно* мне не удалось пережить с Вивьенн. У меня не было возможности разделить с ней счастье родительства. Это опечалило меня. Так как я уже принес ей свои извинения (не лично) и простил ее, у меня в сердце оставалась лишь картинка нас как родителей, которую я хранил с нашей первой встречи в 1968. **Как мне было грустно от того, что у нас с ней не было детей.**

ЧЕТВЕРТОЕ ДОМАШНЕЕ ЗАДАНИЕ. СОСТАВЛЯЕМ ГРАФИК ОТНОШЕНИЙ

Чтобы начать составлять график отношений, надо определиться, отношения с кем вы будете прорабатывать в первую очередь. Это касается как тех, кто работает с партнером, так и тех, кто работает самостоятельно. Возьмите лист бумаги как минимум формата А4. Положите его горизонтально и проведите линию посередине страницы. Слева отметьте начало взаимоотношений. Если вы составляете график отношений с родителем, то начало, возможно, совпадает с датой вашего первого воспоминания. Для других отношений — это год, когда вы познакомились. В конце линии справа отметьте текущий год. Если вы работаете над отношениями с тем, кто умер или с кем вы развелись, отметьте год, когда это произошло, в соответствующем месте. Отношения не заканчиваются смертью или разводом.

СМЕРТЬ МЛАДЕНЦА. НАЧАЛО ВОСПОМИНАНИЙ

Если вы пытаетесь разобраться с болью, вызванной смертью ребенка (по причине замершей беременности, выкидыша, аборта или синдрома внезапной смерти), здесь первое воспоминание, которое вы укажете, будет иным, чем в других отношениях. Когда женщина понимает, что беременна, у нее с ребенком *устанавливается душевная взаимосвязь — это и есть начало ее отношений с ним.* Женщины рассказывают о том, как меняются их чувства при первых толчках малыша. Следующие несколько недель будущая мамочка постоянно спрашивает мужа: «Ты чувствуешь? Ты чувствуешь толчки?» Муж покорно кладет руку на живот, но ничего пока не ощущает. Но вот однажды он ловит едва заметное движение — *в этот момент у него возникает душевная связь с ребенком, и начинаются его отношения с малышом.* Они никак не взаимодействуют физически, но эмоциональная связь уже существует. Когда жена Джона забеременела (ребенок умер в 1977 году), и он почувствовал первое движение малыша, у него тут же появились надежды, мечты и ожидания.

У его ребенка будет все то, чего не было у него самого в детстве. И хотя малыш еще не появился на свет, и реальных отношений еще не было, душевная связь с ребенком у Джона и его жены уже существовала.

На страницах этой книги мы говорили о том, как прийти к чувству завершенности в отношениях, которые существовали на самом деле. Но со смертью младенца нам нужно прийти к чувству завершенности в отношениях, которые должны были быть, но так и не случились. Джон помнит, как в день смерти сына он стоял на пороге детской и думал: «Он никогда не узнает обо всем, что я хотел для него сделать. Он никогда не узнает, как сильно я его любил». Это были надежды и мечты, которым не суждено было сбыться из-за смерти… Все родители хотят дать своим детям то, чего не было у них самих в детстве. Но что делать со своими мыслями и чувствами, если ребенок не выживает? Прийти к чувству завершенности, как и после любой другой утраты.

Начав с самого начала, восстановите события как можно точнее. Ваша цель — осознать, какие чувства и мысли остались невысказанными. Позвольте своей памяти поблуждать. Отметьте всё, что приходит на ум. Решите, это приятное событие (проведите от горизонтальной линии вертикальную черту вверх) или неприятное (проведите от линии вертикальную черту вниз). Воспоминания могут всплывать по порядку, как они шли, а могут хаотично. Помимо памятных событий вспомните и недопонимания, которые между вами возникали. Ничего не исправляйте и не сдерживайте себя. Просто вспоминайте и записывайте. Здесь важны честность и скрупулезность. Прочтите снова комментарии Рассела о событиях, отмеченных на графике, и его мысли и чувства, которые ему не удалось в свое время донести.

Не судите о том, что произошло. Не пытайтесь делать умозаключения — не попадитесь в эту ловушку. Наша цель — понять, что вы чувствовали во время этих событий. Описывайте непосредственно то, что касалось только выбранных отношений. Не переключайтесь на другие.

Наше предложение — выделить примерно час и приступить к делу. Постарайтесь вспомнить, по крайней мере, 10 событий. Если вы застряли, перечитайте примеры, приведенные в книге. Возможно, они напомнят вам о каких-то событиях из вашей жизни.

Чтобы быть правдивым и точным и не идеализировать человека, но и не видеть его только в дурном свете, отметьте два события выше и два события ниже горизонтальной линии. Возможно, кому-то будет неловко выносить на свет что-то плохое о человеке, с которым у вас были хорошие отношения. С другой стороны, некоторые с трудом смогут вспомнить что-то хорошее в отношениях с «менее чем любимым» человеком. Например, когда мы вспоминаем о жестоком родителе, нам обычно трудно припомнить что-то хорошее или положительно оценить его действия. Но чтобы картина была точной, а не однобокой, нам нужно постараться быть честными. Хотя родитель, возможно, часто жестоко обращался с нами, он или она, тем не менее, оплачивали счета, кормили и одевали нас. Когда мы вспоминаем что-то хорошее о родителе, причинившем нам боль, — это не значит, что мы приуменьшаем все плохое, что он или она сделали с нами, но мы помогаем себе увидеть более правдивую картину. Все отношения состоят из хорошего и плохого, правильного и неправильного, сладкого и горького.

В некоторых отношениях бывают разные периоды: хорошие, плохие и снова хорошие. Часто в детстве у нас близкие отношения с родителями, затем приходят сложные подростковые годы, а потом вновь всё налаживается, когда мы взрослеем. Нужно вспомнить отношения целиком. Возможно, вы обнаружите какие-то мысли и чувства, которые вам не удалось выразить в сложные подростковые годы. Не думайте, что раз в ваших отношениях сейчас всё хорошо, все ранние проблемы исчерпаны[77].

И еще. Имеет значение только ваше мнение. Пусть на вас не оказывает влияние то, что думают другие. У одной женщины на семинаре в списке самых приятных воспоминаний была история, как отец брал ее в бар и сажал на барную стойку рядом с собой, а сам пил и шутил с приятелями. Кто-то мог бы сказать, что это преступление — брать маленькую девочку в такое место. Но у других людей нет права голоса касаемо ваших воспоминаний о ваших отношениях. Всё, что имеет значение, — чем это было для вас.

Хорошие воспоминания — это воспоминания, например, о том, как вы сидите рядышком на крыльце или вместе отдыхаете; о том, как держитесь за руку, любуясь закатом; о том, как вы вместе воспитываете детей. Новое платье или игрушка, занятия плаванием или участие родителя в ваших школьных делах можно вспоминать с невероятной теплотой. Не отмечайте воспоминание лишь потому, что оно кажется слишком незначительным. Когда накапливается много невысказанных мыслей и чувств, даже на первый взгляд незначительных, отношения становятся незавершенными.

К грустным или неприятным воспоминаниям можно отнести самое простое несогласие. Для ребенка больше всего запоминаются наказания. Особенно наказания за то, чего он не совершал. Несправедливость незаслуженного наказания часто бывает грузом, который человек проносит через всю жизнь. Как и в случае с приятными воспоминаниями, для этого упражнения нет неважных или незначительных воспоминаний.

С помощью длины линий, которые вы проводите вверх или вниз от горизонтальной линии, обозначайте силу ваших чувств в тот момент, когда это событие происходило. Не важно, где вы отметили больше событий: выше или ниже линии. Важно

---

[77] Дословно: «завершены».

только, чтобы всё это было правдой. Не переживайте о том, что люди подумают или скажут — никто не увидит этот листок.

Теперь ваша очередь. Приступайте.

ПЯТАЯ ВСТРЕЧА ПАРТНЕРОВ

Поздравляем! Вы наконец составили график отношений! На этой встрече партнеры будут делиться об отношениях, отображенных на своих графиках. Начните с обязательств: еще раз заверьте друг друга в том, что вы полностью честны, сохраняете конфиденциальность и признаете, что у каждого из вас восстановление проходит по-своему. Как всегда, встретьтесь там, где ничто не будет стеснять ваши слезы. Не забудьте про салфетки. Не забудьте взять с собой листок, на котором отображен ваш график отношений.

Рекомендации для того, кто слушает

1. Сядьте на достаточном расстоянии от партнера, чтобы он не был стеснен и не чувствовал себя неловко.
2. Можете смеяться или плакать, если это уместно, но *говорить нельзя!*
3. Не прикасайтесь к партнеру. Прикосновение может помешать ему до конца выразить свои чувства.
4. Слушайте всем сердцем[78]. Будьте здесь и сейчас, чтобы действительно услышать своего партнера.

Рекомендации для тех, кто говорит

1. Начните рассказывать об отношениях, которые вы отобразили на графике, с первого воспоминания или с даты знакомства. Обычно рассказ об отношениях с родителем начинается с первого детского воспоминания, а рассказ о супруге — с года знакомства. Например: «Я родился

---

[78] Если перевести дословно, авторы предлагают слушающему представить себя «сердцем с ушами».

в 1943 году, но отца я помню с четырех лет. Я помню, как он повел меня в кафе, чтобы угостить молочным коктейлем. Он купил мне клубничный, и это до сих пор мой самый любимый вкус». «Я познакомился с женой в гостях у друзей. Я никогда не забуду, как у меня захватило дух — она была так прекрасна!»

2. Двигаясь по событиям, отмеченным на графике, вы вспомните много разных деталей. Будьте осторожны, не уходите в сторону и не переходите на отношения с другими людьми. Старайтесь не превратить свою историю в слишком длинный монолог. Ваш рассказ должен длиться около получаса, возможно, немного дольше. Самое лучшее — рассказывать о событиях, отмеченных на линии.

3. Если вы заплакали, старайтесь продолжить свой рассказ. Выталкивайте слова из себя — не глотайте их. Обычно люди подавляют свои чувства.

4. Когда вы закончите, партнер может вас обнять (если объятия приемлемы для вас обоих). Вам обоим надо не поддаваться искушению обсудить то, что вы только что рассказали. Иначе что-то может прозвучать как осуждение, оценка или критика.

Сделайте небольшой перерыв, и затем пусть партнер расскажет свою историю отношений.

Запланируйте следующую встречу.

Для тех, кто работает самостоятельно

Поскольку вы работаете один, возможно, вам помогут истории отношений Джона и Рассела, которые могут стать вашими незримыми партнерами. Просмотрите их еще раз и взгляните на свой график отношений. Найдите, в чем они схожи и в чем различаются.

12

Почти у цели.
Преобразуем график
отношений в составные
части восстановления

Чтобы прийти к чувству завершенности в отношениях, над которыми вы работали, вам нужно поместить всё, что вы обнаружили и отобразили на графике отношений, в одну из трех категорий:

Извинения.
Прощение.
Значимые мысли и чувства[79].

Как бы просто это ни казалось, три категории покрывают всё, что вам не удалось донести в свое время[80].

---

[79] В английском: Significant emotional statements.
[80] В английском: Undelivered emotional communication.

ИЗВИНЕНИЯ

Здесь вы просите прощение за то, что *сделали или не сделали* и тем самым причинили человеку боль. Возможно, вам нужно извиниться за какой-то проступок («Прости, что взял деньги из твоего кошелька») или бездействие («Прости, что не навестил тебя, когда ты лежала в больнице».) Возможно, вы не успели сказать что-то хорошее человеку до его смерти или вашего развода («Прости, что не поблагодарил тебя за подарок».) В этой категории в первую очередь надо сосредоточиться на себе и на том, как вы сами оцениваете свои действия или бездействие. Если, по вашему мнению, что-то сделанное или несделанное вами могло причинить боль или оскорбить другого человека, напишите это здесь. Важно не осуждать себя. Ваша цель — прийти к чувству завершенности, а не причинить себе еще больше боли. В основном все ваши извинения останутся только между вами и вашим партнером. Иногда вы вдруг поймете, что можете извиниться за что-то непосредственно перед тем, перед кем были не правы, без вреда для себя и для него. Однако некоторые извинения не должны дойти до адресата.

ЖЕРТВАМ ТРУДНО ИЗВИНЯТЬСЯ

Некоторые люди привыкли жить со своей болью и вести себя как жертвы, что сильно ограничивает их жизнь. Большинство из них этого даже не осознаёт.

Ужасно, когда с кем-то жестоко обращаются. Еще ужасней, когда такое обращение испытывают на себе дети, не способные защититься.

«Жертвам» тяжело извиняться. Ощущение беспомощности, которое засело в их памяти, часто способствует созданию неверной картины. Тем не менее, вам необходимо извиниться за свои проступки, сколь не-

значительны бы они ни были и как бы редко вы их ни совершали. Помните: вы не достигнете чувства завершенности, если не будете с собой полностью честны.

Иногда нам трудно извиняться из-за нашего желания быть правыми. Чувство правоты и уверенность в своей «непогрешимости» искажает реальную картину наших действий или бездействия. Это особенно важно учитывать, если вы работаете над отношениями с «менее чем любимым» человеком, потому что легко поддаться чувству, что это он или она виноваты во всем. Да, они причинили вам боль. Но вам всё равно нужно извиниться за свои неверные поступки по отношению к этим людям.

ПРОЩЕНИЕ

Простить значит *расстаться с надеждой на другое или лучшее прошлое.*

Прощение — одна из самых неверно трактуемых идей в мире. Многие вкладывают в слово «простить» значение «мириться с чем-то». Но если мы откроем словарь Мэриам Вебстер и посмотрим на определения этих слов, то увидим разницу:

Простить — перестать чувствовать обиду и горечь по отношению (к обидчику).

Мириться с чем-то — относиться как к незначительному, безвредному, неважному.

Если мы воспринимаем эти слова как синонимы, тогда простить будет невозможно. Очевидно, никто не сочтет ужасное событие незначительным. Но если под прощением мы понимаем то, что сказано в его словарном определении, тогда мы на верном пути.

Любая обида, которая периодически всплывает в памяти, ограничивает нашу способность жить полноценной жизнью. Любое напоминание о человеке или событии заставляет заново переживать незавершенные болезненные чувства. Можно говорить о том, что человек восстановился, когда он отпускает эту боль, а не хранит свои обиды.

Тема прощения окутана таким количеством поверий, передающихся от поколения к поколению, что у некоторых оно вызывает стойкое неприятие. До такой степени, что люди не хотят даже употреблять это слово. Мы недавно помогли одной такой женщине. Она называла прощение словом на букву «п». Мы предложили ей следующую формулировку: *«Я признаю, что твои действия или бездействие причинили мне боль. Но я не позволю им причинять мне боль и дальше».* Или *«Я признаю, что своими действиями или бездействием ты причинил мне боль. Но я не позволю своим воспоминаниям о произошедшем и дальше причинять мне боль».*

Нечувствительные, бездумные и иногда намеренно злые действия людей ранили нас. Продолжая обижаться и не прощая, мы причиняем боль себе, не им. Представьте, что ваш обидчик умер. Может ли ваша обида навредить ему? Конечно, нет! Может ли она навредить вам? К сожалению, да. Цель всех шагов, которые мы предпринимаем, — ощутить свободу. Мы прощаем, чтобы вновь обрести полноценную жизнь. *Прощение не имеет никакого отношения к другому человеку.*

Прощение — это действие, а не чувство

Вы не можете почувствовать, что простили, до тех пор, пока этого не сделаете. Многие говорят: «Я не могу простить. У меня нет этого в сердце». На что мы отвечаем: «Конечно, нет. Вы не можете почувствовать то, чего не сделали. Чувство прощения возникает после того, как вы предпримете действие — скажете, что прощаете. Сначала действие — потом чувство».

Простить — значит отпустить обиду. Возможно, вам надо простить человека за то, что он сделал («я прощаю тебя за то, что ты испортил мой день рождения») или за то, что он не сделал («я прощаю тебя за то, что ты не пришел на мой выпускной»).

Иногда люди говорят: «Я могу простить, но не могу забыть». В этом выражении соединены две идеи, которые напрямую не связаны друг с другом. Представьте, что вас сильно избивали в течение многих лет. Разве это можно забыть?! На самом деле фраза «Я могу простить, но не могу забыть» означает, что раз я не могу забыть, я не буду прощать. Но спросите себя: кто остается в клетке? Кто продолжает обижаться? Кто держит в заключении свой разум и сердце и вредит своему телу? Кто страдает из-за непрощения?

Нас часто спрашивают, уместно ли сказать человеку в лицо, что его прощаете. Наш ответ: НЕТ! НЕТ! И НЕТ! Если вы говорите человеку, что прощаете его, а он не просил у вас прощения, это, скорее всего, воспримется как нападка. *Человеку, которого вы простили, не надо об этом знать.*

И еще: многие просят прощения, ожидая его получить. Мы считаем, это неверно. Когда вы ожидаете прощение, вы манипулируете: вы просите другого человека предпринять действие. А когда вы просите умершего простить вас, вы просите предпринять действие мертвого. Давайте здесь отложим духовные убеждения, очевидно, *это вам надо предпринять действие,* а не ожидать его от другого. Возьмите ответственность за свои поступки и слова на себя[81].

---

[81] В английском в этом абзаце противопоставляются два выражения: просьба — "forgive me" и утверждение — "I apologize". Несмотря на то, что в русском для выражения "I apologize" есть эквивалент «приношу свои извинения», эта фраза в основном используется в официальном стиле речи. В разговорной речи, в общении с близкими нам людьми мы употребляем выражение «прости меня». Она может произноситься как просьба, то есть извиняющийся ожидает получить прощение; и как признание своей вины, без ожидания прощения. Авторы книги настаивают именно на втором варианте.

ЗНАЧИМЫЕ МЫСЛИ И ЧУВСТВА

Всё, что не относится к извинениям или к прощению, подпадает под всеобъемлющую категорию «значимые мысли и чувства». Например:

Я любил тебя.
Я ненавидел тебя.
Я гордился тобой.
Мне было стыдно за тебя.
Спасибо за все твои жертвы ради меня.
Спасибо за время, которое ты мне посвятил.

Эта категория одновременно и простая, и всеобъемлющая. Здесь вы можете выразить всё, что вам когда-то не удалось выразить и что не дает вам покоя[82]. Возможно, каждое отдельное высказывание может казаться незначительным, *но когда они накапливаются, возникает чувство незавершенности.*

На страницах этой книги мы много раз использовали фразу *иначе, лучше и больше.* Вот что она означает. После смерти близкого человека или развода мы почти всегда вспоминаем о том, что не сказали и не сделали, или о том, что напрасно сказали и сделали. В нашей памяти также всплывает то, что другой человек сказал или не сказал, сделал или не сделал. Все невыраженные мысли и чувства, связанные с этими действиями или бездействием, подпадают под данную категорию «значимые мысли и чувства». Когда отношения обрываются из-за смерти или меняются из-за развода или других обстоятельств, почти всегда наши *надежды, мечты и ожидания* рушатся. Осознание этого должно найти свое выражение.

---

[82] Буквально «оставляет вас с чувством незавершенности».

Утрата лишила нас возможности выразить свои чувства и мысли. Пришло время облечь их в слова.

Разбирая отношения с живыми людьми, будет неуместно высказывать им свои негативные чувства в лицо. Любое подобное высказывание будет воспринято как нападка.

Поздравляем, вы закончили свой график отношений!

ПЯТОЕ ДОМАШНЕЕ ЗАДАНИЕ. СОБИРАЕМ ВСЁ ВОЕДИНО

Пришло время преобразовать график отношений в составные части восстановления: извинения, прощение и значимые мысли и чувства. Возьмите чистый лист бумаги и напишите следующие слова, оставив между ними достаточно места:

Извинения:

Прощение:

Значимые мысли и чувства:

Теперь возьмите лист, на котором изображен график отношений. Прочитайте каждое отмеченное на нем событие. К какой категории его можно отнести? Обычно отмеченное выше горизонтальной линии преобразуют в извинения или значимые мысли и чувств. А отмеченное ниже линии — в прощение или также значимые мысли и чувства. Переживания, вызванные некоторыми событиями, подпадут сразу под две категории, особенно негативно окрашенные. Например: «Папа, спасибо, что ты взял меня на футбольный матч» (значимые мысли и чувства). Но: «Ты сказал, что я играл хуже всех, и мне надо тебя за это простить» (прощение).

Многие фразы, которые вы напишете, будут начинаться в каждой категории одинаково. Пусть вас не тревожит, если вы повторили то, что, возможно, уже кому-то сказали. Не беспокойтесь, если несколько разных событий оставили у вас в душе похожий отклик. Позже у вас будет возможность отредактировать написанное. Но не делайте этого сейчас. Просто пишите.

ШЕСТАЯ ВСТРЕЧА ПАРТНЕРОВ

На этой встрече вы поделитесь всем тем, что оставалось невысказанным (и не услышанным)[83].

Но вначале еще раз заверьте друг друга в том, что вы полностью честны, сохраняете конфиденциальность и признаете, что у каждого из вас восстановление проходит по-своему. Как всегда, встретьтесь там, где ничто не будет стеснять вас, если вы заплачете. Не забудьте про салфетки.

Обязательно возьмите с собой листок, на котором отображен график отношений и листки, на котором вы написали свои мысли и чувства к этому человеку, разбитые на три категории (списки извинений, прощений, мыслей и чувств).

---

[83] В английском: your list of recovery communications.

Рекомендации тем, кто слушает

1. Сядьте на достаточном расстоянии от партнера, чтобы он не был стеснен и не чувствовал себя неловко.

2. Можно плакать и смеяться, если это уместно, но *нельзя говорить!*

3. Не прикасайтесь к партнеру. Прикосновение может помешать ему или ей до конца выразить свои чувства.

4. Слушайте всем сердцем[84]. Будьте здесь и сейчас, чтобы действительно услышать своего партнера.

Рекомендации для тех, кто говорит

1. Пришло время прочитать подготовленные вами списки: за что вы извиняетесь, за что прощаете и ваши значимые мысли и чувства. Нет идеального способа это сделать, но вот рекомендации, которые помогают многим. Начните с извинений: «Мне нужно извиниться перед моим отцом за то, что я брал деньги из его кармана». Или «Мне нужно извиниться перед мамой за то, что я врала ей о том, где проводила поздние вечера». Это упражнение помогает нам осознать необходимость выразить свои мысли и чувства. Что мы и сделаем в следующем упражнении.

2. Далее зачитайте, за что вы хотите простить человека: «Мне нужно простить отца за то...» и т. д. Затем — ваши мысли и чувства: «Мне нужно сказать папе, как сильно...» и т. д.

3. Если вы заплакали, старайтесь продолжать говорить. Выталкивайте слова из себя — не глотайте их. Обычно люди подавляют свои чувства.

---

[84] Если перевести дословно, авторы предлагают слушающему представить себя «сердцем с ушами».

4. Когда вы завершите свой рассказ, партнер может вас обнять (если объятия приемлемы для вас обоих). Вам обоим не надо поддаваться желанию обсудить услышанное. Иначе какие-то слова могут прозвучать как осуждение, оценка, критика или умозаключение.

Сделайте небольшой перерыв, и затем пусть партнер прочтет то, что написал он.

Запланируйте следующую встречу.

Для тех, кто работает самостоятельно

Поскольку вы работаете один, возможно, вам помогут графики отношений Джона и Рассела, которые могут стать вашими незримыми партнерами. Просмотрите их еще раз и взгляните на свой список. Найдите, чем они похожи и чем отличаются. Если вы можете дополнить свои списки, то дополните. Постарайтесь вспомнить всё как можно подробнее.

ОТ ОСОЗНАНИЯ[85] К ЧУВСТВУ ЗАВЕРШЕННОСТИ

Выполнив всё, предложенное в этой книге, вы готовы сделать шаг, который поможет вам прийти к чувству завершенности[86]. Душевная боль, возможно, сопровождала вас всё время после утраты. Пришло время ее отпустить[87], завершив то, что оставалось незавершенным в отношениях, над которыми вы сейчас работаете.

По совету доброжелательных друзей или психологов многие люди пишут умершим прощальные письма. Но как мы знаем, неверная информация становится главной преградой к восстановлению. Прощальное письмо без соответствующего содержа-

---

[85] В английском "discoveries" — буквально «то, что вы обнаружили» в процессе работы.

[86] Дословно: «завершить утрату».

[87] Дословно: «завершить свои отношения с болью».

ния — одна из таких преград. Идея написания подобных писем возникла много сотен лет назад. За последние полвека они потеряли свою первоначальную цель — завершить отношения. К сожалению, они часто больше похожи на письма, в которых просто перечисляются события и чувства. Те, кто писал нечто подобное, говорят, что они испытали некоторое облегчение, но ненадолго — письмо не принесло им окончательного и глубокого утешения. Мы общались с теми, кто написал прощальное письмо, но не предпринял всех шагов, предложенных в книге. Их попытки прийти к чувству завершенности не увенчались успехом. Чтобы достичь желаемой цели, важно преобразовать результат всех усилий в *завершающее*[88], а не прощальное письмо или список событий и чувств.

ПОСЛЕДНЕЕ ДОМАШНЕЕ ЗАДАНИЕ. ЗАВЕРШАЮЩЕЕ ПИСЬМО[89]

Это письмо поможет вам прийти к чувству полной завершенности в до сих пор незавершенных отношениях. Письмо поможет вам сохранить теплые воспоминания о человеке и всё приятное, что с ним связано. Оно также не помешает вам верить в небеса и придерживаться других духовных убеждений.

Сейчас у вас будет возможность попрощаться[90] со всем, что было не завершено. Вы сможете проститься с болью, связанной с этими отношениями, а также с неосуществившимися мечтами, надеждами и ожиданиями. Вы сможете попрощаться с несбыточным желанием получить от кого-то то, что он не смог или не захотел вам дать. Важно помнить, что вы прощаетесь с причиняющими вам боль мыслями и чувствами, *но не с человеком*.

Наконец-то пришло время написать письмо. Мы очень хотим, чтобы этот заключительный шаг привел вас к желаемому результату. Не надо обсуждать то, что вы делаете, с другими.

---

[88] Или заключительное.
[89] The grief recovery completion letter©.
[90] В английском: to say good-buy.

У друзей и родных могут быть добрые намерения, но они не прочитали всего того, что прочитали вы, и не проделали работу, которую проделали вы. Пожалуйста, отнеситесь серьезно ко всем рекомендациям, касающимся того, что говорить и какие шаги предпринять дальше.

Общие рекомендации

Писать такое письмо лучше в одиночестве и за один раз. Письмо может вызвать болезненные чувства, которых вам, возможно, захочется избежать. Но вы уже многократно доказали свою смелость. Проявите ее и в этот раз. Многие люди давно знают, что не дает им покоя. Но не знают, что с этим делать.

Особые рекомендации

Выделите для этого задания как минимум час. Легче всего будет написать такое письмо, если вы положите перед собой листок, на котором изображен график отношений, и списки того, за что вам надо извиниться, за что простить, а также список своих мыслей и чувств. Внимательно просмотрите их еще раз и затем принимайтесь за дело. На графике отношений и в списках извинений, прощений, мыслей и чувств, возможно, будет много повторений. Нет необходимости переносить их все в письмо. Здесь вам надо выразить всё в наиболее краткой форме. В письме в первую очередь должны быть отражены те составляющие[91], о которых мы подробно говорили выше.

Мы не ограничиваем вас в объеме, но сила чувств часто теряется в многословии. В письме вам надо выразить самое важное из того, что осталось невысказанным. Обычно две или три страницы А4 достаточно. Ничего, если письмо будет чуть короче или длиннее. Если вы исписали более пяти страниц, посмотрите, нет ли у вас многократных повторений?

---

[91] В английском: recovery categories.

Написание письма может вызывать у вас множество эмоций, а может быть, и нет. Не беспокойтесь по этому поводу. Все люди разные, и каждый уникален.

Чтобы помочь вам, ниже мы приводим шаблон письма.

Дорогой папа (используйте то обращение, которое наиболее точно отражает, кем был для вас человек).

Размышляя над нашими отношениями, я понял, что хочу сказать тебе:

Папа, прости меня за то...
Папа, прости меня за то...
Папа, прости меня за то...

(Хорошо, если вы сгруппируете свои некогда невысказанные мысли и чувства по трем категориям. Скорее всего, в каждой категории у вас будет более трех фраз.)

Папа, я прощаю тебя за то, что...
Папа, я прощаю тебя за то, что...
Папа, я прощаю тебя за то, что...

Папа, я хочу, чтобы ты знал, что... (значимые мысли и чувства).
Папа, я хочу, чтобы ты знал, что... (значимые мысли и чувства).
Папа, я хочу, чтобы ты знал, что... (значимые мысли и чувства).

Что написать в конце письма

Цель предложенного пути восстановления — чувство завершенности. Для того чтобы к нему прийти, важно правильно закончить письмо.

Общаясь с другом по телефону, в конце мы говорим «до свидания». Мы заканчиваем письмо словом «прощай[92]», которое означает, что мы сказали всё, что сейчас хотели.

Для подавляющего большинства людей лучше всего написать в заключении: «Я люблю тебя. Скучаю по тебе. Прощай, папа». Эти слова наиболее точно отражают их чувства.

Однако многим из вас будет трудно написать «Я люблю тебя и скучаю по тебе». Если это не так, не пишите. Вместо этих слов можно написать: «Мне пора идти. Пришло время отпустить эту боль. Прощай, папа».

Вы можете написать что-то свое, наиболее точно отражающее характер ваших отношений. То, что должно остаться неизменным, так это самое последнее слово «прощай»[93]. Если его не написать, тогда вся проделанная вами работа может быть сведена на нет. *Именно прощание завершает общение и делает его полным.* Не заменяйте его другими словами. Если вы не попрощаетесь, общение не будет завершено, и вы рискуете не достичь чувства завершенности.

Заключительное письмо. Примеры

Чтобы дать вам ясное представление о том, как написать завершающее письмо, мы приведем примеры. Письма представлены в сокращенном варианте.

Вот отрывок из письма Джона своему младшему брату, который умер в 1969 году.

Дорогой Дэннис, я размышлял над нашими отношениями и обнаружил то, что мне хочется тебе сказать.

---

[92] В оригинале используется слово "good-bye", которое соответствует русскому слову «до свидания». Но поскольку русский эквивалент означает «до следующей встречи», чего нет в значении английского выражения, мы будем использовать слово «прощай».

[93] В английском: good-buy.

Дэннис, прости, что я так грубо обошелся с тобой, когда ты сломал мои лук и стрелы.

Дэннис, прости, что я вел себя, как военрук, когда мы жили в Калифорнии.

Дэннис, прости, что я подрался с тобой, когда ты хотел жениться.

Дэннис, я прощаю тебя за то, что ты разбил мою машину.

Дэннис, я прощаю тебя за то, как ты себя вел, когда жил со мной в Калифорнии, за то, что ты не прибирался в комнате, не заправлял машину и говорил слишком долго по телефону, и мы получали огромные счета.

Дэннис, я хочу, чтобы ты знал, как я благодарен за прощальную вечеринку, которую вы с Брюсом устроили для меня. Я хочу, чтобы ты знал, как много для меня значили твои слова «Я тебя люблю». Спасибо.

Дэннис, я хочу, чтобы ты знал, как я тобой гордился.

Дэннис, я хочу сказать тебе всё, что сказал бы, если б знал, что больше никогда не смогу с тобой поговорить. Я хочу, чтоб ты знал, как сильно я тебя любил. Как я гордился (и завидовал) твоей невероятной способностью взять гитару и подобрать любую мелодию. Я хочу, чтобы ты знал, как я гордился твоими атлетическими способностями, особенно тем, как ты прыгал с шестом.

Дэннис, я хочу, чтобы ты знал, как я грустил, осознавая, что тебя больше нет, и я не смогу больше общаться с тобой[94]. Я бы так хотел увидеть, как складывается твоя профессиональная и личная жизнь. Мне печально от того, что ты не смог стать дядей моих детей.

---

94 Дословно: «разделить с тобой жизнь».

Дэннис, я люблю тебя и скучаю по тебе.
Прощай, Дэннис.

Вот кусочек из заключительного письма Рассела к Вивьенн.

Дорогая Вив, я размышлял над нашими отношениями и обнаружил для себя то, что мне хочется тебе сказать.

Вив, прости, что я давил на тебя.
Вив, прости, что я не слушал тебя и не слышал, что ты пыталась до меня донести.
Вив, прости, что я никогда не говорил тебе, как сильно я ценю твои таланты и всё, что ты сделала для нашего бизнеса. Спасибо.

Вив, я прощаю тебя за то, что ты не говорила мне, что происходит в твоем сердце.
Вив, я прощаю тебя за то, что ты не понимала, что я не готов стать папой, и за то, что ты не дала мне время.
Вив, я прощаю тебя за то, как ты закончила наши отношения.

Вив, я хочу, чтобы ты знала, как мне нравилось выходить с тобой в свет.
Вив, я хочу, чтобы ты знала: я уверен, что ты великолепная мама. И иногда мне грустно от того, что мы не смогли разделить счастье родительства.

Вив, мне пора идти.
Прощай, Вив.

ВАЖНОЕ ЗАМЕЧАНИЕ

Всё, что написано в завершающем письме — ваша личная, конфиденциальная информация. Как мы уже писали, не надо говорить живым людям о том, что вы их простили, и о том, какую боль они вам причинили. Письмо Рассела к Вивьенн представлено здесь лишь в качестве иллюстрации. Завершающее письмо не надо отправлять или читать никому, кроме вашего партнера.

ЗАКЛЮЧИТЕЛЬНАЯ ВСТРЕЧА ПАРТНЕРОВ. ЧТЕНИЕ ПИСЬМА

Вначале еще раз заверьте друг друга в том, что вы полностью честны, сохраняете конфиденциальность и признаете, что восстановление у каждого проходит по-своему, в силу его уникальности. Как всегда, встретьтесь там, где ничто не будет вас стеснять, если вы заплачете. Не забудьте про салфетки.

Некогда невысказанные мысли и чувства почти всегда должны быть озвучены и почти всегда кем-то услышаны, чтобы человек смог обрести чувство завершенности. Мы знаем людей, которые сделали всё, что мы предлагали, но никому не прочитали свое письмо. Мы знаем этих людей, потому что ощущение незавершенности вновь привело их на наши семинары. Многие из них прочли свои письма на могиле умершего, а не живому человеку.

Мозг удивителен и порой упрям. Независимо от духовных и религиозных убеждений наше подсознание требует, чтобы некий наблюдатель засвидетельствовал завершение общения. Дело здесь не в мистике, и у нас нет никаких научных обоснований этого. Мы лишь опираемся на свой опыт помощи скорбящим, из которого знаем, что работает, а что нет.

Рекомендации для того, кто слушает

1. Первое и самое главное — слушайте всем сердцем[95]. Ваша задача — только слушать. Можете смеяться или плакать, если это уместно, но *говорить нельзя*. Ни во взгляде, ни в жестах не должно проскакивать ни осуждения, ни критики, ни анализа.

2. Сядьте на достаточном расстоянии от партнера, чтобы он не был стеснен и не чувствовал себя неловко. Расслабьтесь. Для того, кто читает письмо, вы — друг, который слушает что-то очень важное.

3. Когда партнер будет читать письмо, не прикасайтесь к нему. Иначе вы можете помешать ему до конца выразить свои чувства. А мы хотим, чтобы он их полностью выразил. Салфетки будут у него под рукой в случае необходимости.

4. Скорее всего, вы будете тронуты тем, что услышите. И это нормально. Тем не менее, помните, что вас это никак не касается. Поэтому постарайтесь контролировать свою реакцию. С другой стороны, если на глаза навернутся слезы, не вытирайте их, иначе может показаться, что плакать — это плохо.

5. Ваше присутствие очень важно для читающего. Будьте здесь и сейчас, не позволяйте себе «улетать» в мыслях. Слушайте всем сердцем.

6. Как только читающий произнесет «прощай», обнимите его. Вы почувствуете, насколько долгими должны быть объятия. Не торопитесь. Письмо — это заключительный этап трудной работы, сопряженной со множеством болезненных чувств.

7. Помните: никакого анализа, осуждения или критики. Не надо говорить о том, что человек только что пережил,

---

[95] Если перевести дословно, авторы предлагают слушающему представить себя «сердцем с ушами».

потому что подобные разговоры ведут к анализу, оценке и умозаключениям.

Рекомендации для тех, кто читает письмо

1. Выберите для встречи такое место, где вы будете чувствовать себя комфортно. Это точно не должно быть публичное место.

2. Принесите с собой салфетки. Велика вероятность того, что нахлынут эмоции, когда вы будете читать письмо. Пусть салфетки будут под рукой. Мы не хотим, чтобы ваш партнер подавал их вам.

3. Перед тем, как начать читать, закройте глаза. Несмотря на присутствие партнера, ваша цель — прочесть письмо тому, кому оно было адресовано. Если можете, представьте себе этого человека.

4. Откройте глаза. Начните читать письмо. Могут нахлынуть эмоции. А может, и нет. И то, и другое нормально. Если вы заплачете, старайтесь продолжать говорить. Все ваши чувства выражены в письме. Выталкивайте слова из себя — не глотайте их.

5. В конце, прежде чем произнести прощальные слова, закройте глаза. Представьте снова этого человека и только тогда дочитайте письмо. Возможно, прощание вызовет много слез. Даже если из-за эмоций вам будет сложно говорить, всё равно произнесите написанное, особенно слово «прощай».

6. Помните, вы прощаетесь с болью и чувством незавершенности. Вы не прощаетесь с теплыми воспоминаниями или своими духовными убеждениями. Вы прощаетесь с болью, одиночеством и сумятицей в душе и в мыслях. Вы прощаетесь с физическими отношениями, которые

у вас были, но которые завершились или изменились. Попрощайтесь и потом наплачьтесь вволю, пусть всё накопившееся выйдет наружу. Если у вас не будет слез, тоже нормально. Главное, чтобы вы произнесли прощальные слова, иначе чувство незавершенности так и останется с вами.

7. Когда вы закончите читать письмо, попросите партнера вас обнять. Возможно, вам захочется, чтобы объятия были долгими. Пусть так и будет. Возможно, вы будете сильно плакать. Это тоже нормально. Потому что слишком долго вы держали эту боль внутри. Побудьте в этом состоянии. Не торопите чувства.

Для тех, кто работает самостоятельно

Поскольку вы работали без партнера, попробуйте найти того, кому сможете довериться, и кто будет не против, чтобы вы прочитали ему письмо. Это может быть друг, член семьи, психолог, священник — кто угодно, кому вы могли бы объяснить, что необходимо сделать. Когда вы найдете такого человека, покажите ему или ей «рекомендации для того, кто слушает», изложенные выше в этой главе. Спросите, хочет ли он и может ли в точности им следовать. Также попросите его сохранять конфиденциальность.

Некоторым не удается найти никого, с кем бы они чувствовали себя уверенно. Мы не хотим просить вас делать то, что вы не можете или не хотите, тем самым усложняя проблему. Если вам приходится читать письмо в одиночестве, читайте. Чтение письма перед каким-то памятным подарком, фотографией или у могилы может иметь свой эффект. Будет хорошо записать письмо на диктофон. Не уничтожайте его. Возможно, в будущем вы встретите того, кому сможете довериться и прочесть его.

ЧТО ЗНАЧИТ ПРИЙТИ К ЧУВСТВУ ЗАВЕРШЕННОСТИ?

Теперь, когда вы предприняли все шаги и прочитали свое письмо, вы полностью достигли чувства завершенности[96]. Что это значит? Это значит, что вы обнаружили и высказали все чувства и мысли, которые смогли вспомнить, касательно всех аспектов ваших отношений. Это не значит, что вам больше никогда не будет грустно. Благодаря чувству завершенности вы вновь обрели способность испытывать разные эмоции. Это значит, что вам не нужно будет прокручивать в голове одни и те же мысли снова и снова.

В повседневной жизни вы натолкнетесь на множество напоминаний о том, кто умер, или о своем бывшем супруге. Эти воспоминания вызовут соответствующие чувства. Иногда ощущения счастья, тепла и радости. Иногда негативно окрашенные эмоции, печаль и чувство неловкости. Это нормально. Не боритесь с ними, примите их. *Если вы позволите себе пережить негативно окрашенные чувства и не будете им противиться, они уйдут.* Если вы попытаетесь подавить их или упрятать поглубже, они перерастут в болезненные.

Мы предлагаем проживать чувства, когда они появляются. Но что это значит и как это делать?

Представьте, что вы находитесь у огромного аквариума. Стоите с другом и наблюдаете за проплывающими мимо рыбами. Каждая из них вызывает какие-то эмоции. Вот плывет синяя рыба невиданной красоты. Ее плавники красиво колеблются в воде, подобно тончайшей вуали. Вы восклицаете: «Как она прекрасна! Я никогда не видел ничего подобного!» И только замолкаете, как прямо на вас стремительно несется огромная акула, поблескивая острыми зубами. У вас сжимается сердце, вы машинально отшагиваете назад. «Ужасающий вид! — вырывается у вас. — У меня сердце колотится от страха». И тут же мимо

---

[96] В английском: you are 100 percent complete.

проносится огромная стая маленьких, не больше мизинца, серебряных рыбок. Кажется, что их, по меньшей мере, тысяча. И все их движения слаженны, словно ими кто-то управляет. Зачарованный этой картиной, вы произносите: «Как они понимают, куда плыть? Почему они не сталкиваются?!»

Вот что значит проживать свои чувства в тот момент, когда они возникают. Сначала вы были восхищены красотой синей рыбы. Потом напуганы акулой и ужасающими картинами, которые тут же всплыли в вашем воображении. И, наконец, заворожены слаженными движениями стаи маленьких рыбок.

Каждый раз, испытывая какое-то чувство, вы озвучивали его. Проплывающие мимо рыбы вызывали у вас то одни эмоции, то другие. Иногда в жизни мы застреваем на каком-то одном чувстве. Или мысленно то и дело возвращаемся к тем ощущениям, которые когда-то испытали. Когда вы понимаете, что возвращаетесь к прежним чувствам, вспомните, что вам надо продолжать смотреть на проплывающих рыб и проживать следующие чувства.

КОГДА ПЕРЕД ГЛАЗАМИ ЗАСТЫЛА СТРАШНАЯ КАРТИНА

Пожалуй, больнее всего, когда любимый человек умирает насильственной смертью. Возможно, вы стали свидетелем страшного инцидента или оказались на месте происшествия, когда любимый человек был уже мертв. Возможно, вы видели фотографии с места трагедии. Или же подробности смерти ярко нарисовались в вашем воображении. У многих людей этот образ постоянно стоит перед глазами, и кажется, так будет вечно. У некоторых застыли в памяти не менее трагичные картины последних часов, дней или недель борьбы близких со смертельным недугом. Некоторые болезни

настолько меняют внешний облик родных, что вы едва узнаете того, кого знали всю жизнь.

Многие друзья, пытаясь помочь, советуют не вспоминать страшные картины. Но вряд ли это возможно. Мы считаем, лучше признать, что всплывающие перед глазами образы действительно ужасны и болезненны. И напомнить скорбящему о том, что у него в памяти сохранилось и множество других картин.

Смерть не всегда приходит тихо и спокойно. Часто смотреть на то, как умирает близкий, очень тяжело. Одна женщина описала нам во всех подробностях последнюю ночь своего мужа в больнице. Мы сказали: «Какая страшная картина». И затем спросили: «Вы помните, как встретились со своим будущим мужем?» «Да», — ответила она. Мы попросили рассказать, как он выглядел в тот день. И она рассказала.

Мы храним в своей памяти десятки тысяч образов любимого человека. Одни из них прекрасные и счастливые. Другие некрасивые и печальные. И иногда последние воспоминания особенно болезненны, когда насильственная смерть или болезнь до неузнаваемости меняют облик любимого. Нет смысла говорить людям, чтобы они не вспоминали эти картины. Это невозможно. Но если мы признаем их ужас и боль, мы позволим человеку вспомнить и другие образы близкого. Каждый раз, когда в памяти у скорбящего всплывают последние картины смерти, необходимо признать их трагичность. Тем самым мы не отрицаем и не преуменьшаем боль последних воспоминаний. Когда скорбящим позволяют говорить о том, что они переживают, и побуждают это делать, болезненные картины перестают быть такими яркими. И у скорбящего появляется возможность

переосмыслить отношения целиком, а не только их завершение.

ЧТО ДЕЛАТЬ, КОГДА НЕОЖИДАННО ВСПЛЫВАЮТ НОВЫЕ ВОСПОМИНАНИЯ? ИСТОРИЯ О РАЗБИТОМ ОКНЕ

Вот одна из наших любимых историй, иллюстрирующих, что надо делать, когда в памяти всплывают новые болезненные воспоминания[97].

Когда сыну Джона, Колу, было восемь лет, он со своими друзьями играл в бейсбол на лужайке перед домом. Джон научил мальчишек вставать не перед домом, а сбоку, чтобы, если они пропустят мяч, тот не попал в окно. И всё бы хорошо, да только однажды мальчишки об этом забыли. Кол запустил мяч и угодил прямо в соседское окно.

Когда Джон пришел домой, он попросил сына рассказать всю правду о произошедшем. В силу своего возраста Кол объяснил так: всему виной сирены машин, лай собак и солнце, светившее прямо в глаза... Ну, еще и то, что Кол и его друзья забыли, что надо стоять не перед домом, а сбоку.

Примерно посередине рассказа Джон вдруг понял, что давно уже перестал слушать сына и обдумывал, как его наказать. Спохватившись, он попросил Кола пойти во двор немного поиграть. Джон поднял глаза к небу и спросил: «Господи, откуда у меня эта идея, что мой сын, которого я так люблю, должен быть наказан за правду?» И тут же пришел ответ. Перед глазами Джона возник образ отца.

Джон понял, что между ними осталось еще кое-что незавершенное. Он взял блокнот с ручкой и написал:

---

[97] В английском: how to complete your relationship to new discoveries.

«Отец, я слушал сына, которого люблю больше всех на свете. Он один из твоих внуков, которого тебе не суждено было увидеть. Когда он рассказывал о том, как разбил окно, я перестал его слушать и начал придумывать наказание. Но вдруг понял, что происходит что-то не то. Я остановился и заглянул в свое сердце. И вот что я осознал. К восьми годам я давно уже перестал говорить тебе правду, потому что каждый раз, когда я это делал, ты наказывал меня и наказывал очень сурово.

Отец, я не хочу, чтобы у моего сына правда ассоциировалась с наказанием. Я хочу разорвать этот порочный круг, который ты когда-то запустил. Я должен простить тебя за то, что ты причинял мне боль каждый раз, когда я говорил правду. Я прощаю тебя и поэтому волен поступать иначе. Я прощаю тебя и поэтому могу говорить правду и жить правдиво. И буду учить своего сына делать то же самое.

Мне пора идти. Я люблю тебя. Прощай, отец».

Написав письмо отцу, Джон мог спокойно поговорить с Колом о последствиях его действий. Он помог сыну извиниться перед соседом за разбитое окно и придумать, как им с друзьями заработать денег и возместить ущерб. Наказания не было. Но Джону нужно было предпринять еще одно действие, чтобы простить отца за наказания и прийти к чувству завершенности[98]. На следующее утро Джон прочел письмо, адресованное отцу, вслух в присутствии Рассела. И Рассел его обнял. Джон пришел к чувству завершенности в отношении этой ситуации благодаря тому, что его выслушали. Как видите, мы предпринимаем те же самые шаги, которым учим вас. Если вспоминается что-то новое, что вызывает определенные чувства, это нужно осознать, завершить и проговорить, чтобы в памяти освободилось место для других воспоминаний.

---

[98] To be emotionally complete with the event.

ДОПОЛНИТЕЛЬНАЯ ПОМОЩЬ В СОСТАВЛЕНИИ ГРАФИКА ОТНОШЕНИЙ И НАПИСАНИИ ЗАВЕРШАЮЩЕГО ПИСЬМА

Составив один график отношений и написав заключительное письмо, вы можете подобным образом проработать и другие утраты. В данном издании книги под заголовком «Еще о выборе и других утратах» вы найдете дополнительную информацию о таких утратах как:

- смерть одного из родителей, когда вы были еще маленьким;
- отсутствие родителя, который не жил с вами из-за развода;
- жизнь в приемной семье;
- смерть младенца, бесплодие;
- болезнь Альцгеймера или деменция у любимого человека;
- жизнь в неблагополучной семье, например, в семье алкоголиков (речь пойдет об утрате доверия, отсутствии безопасности и о потерянном детстве);
- утрата веры, здоровья, потеря работы, переезд.

Вы извлечете большую ценность из этой книги, если проработаете все потери, которые оказали на вас негативное воздействие.

13

Что дальше?

После того как вы написали и зачитали завершающее письмо, вам предстоит еще немало потрудиться.

Возможно, когда вы составляли график утрат, вы обнаружили для себя еще несколько незавершенных отношений. Мы предлагаем вам проработать их как можно скорее. Наша цель — чтобы вы освободились от душевных страданий, навсегда отпустив боль прежних потерь.

Как вы думаете, в отношениях с кем вы пока не достигли чувства завершенности? Составьте список этих людей. Многие перечисляют трех или четырех человек. Помните, до тех пор, пока вы не обретете чувство завершенности, ваши отношения с окружающими будут страдать. Если вы работали с партнером, было бы хорошо разобрать с ним и остальные отношения.

Дальнейшая работа пойдет гораздо быстрее, потому что вам не придется больше составлять график утрат. Вы можете стразу приступить к следующему графику отношений. Не забывайте заверять друг друга в честности, конфиденциальности вашего общения и признавайте уникальность друг друга.

После того как вы обретете чувство завершенности и в остальных отношениях, наступит время просто жить. Принципы и действия, усвоенные в процессе душевного восстановления, теперь являются вашим новым набором инструментов, который поможет справиться с последующими утратами, разочарованиями и болезненными событиями. Применяйте их, чтобы это вошло в привычку.

НАВОДИМ ПОРЯДОК

Отпустив боль, мы начинаем иначе смотреть на мир. Теперь всё выглядит по-другому, потому что мы изменились. И это стало возможным благодаря тому, что мы обрели завершенности в отношениях. И раз мы изменились внутренне, пришло время оглядеться вокруг и привести всё в соответствие своему обновленному состоянию[99].

И первым делом надо будет что-то сделать с вещами, напоминающими об утрате. Ранее мы писали о людях, которые бережно хранят всё, что напоминает им о любимом человеке, который умер. Мы писали, что это происходит, когда мы идеализируем умершего. Мы цепляемся за вещи, когда ощущаем незавершенность в отношениях с ним. Теперь же в этом нет нужды. Теперь, когда у вас другие ощущения, какие-то вещи вам больше не понадобятся[100], и вы захотите от них избавиться. Что-то вы захотите оставить, с какими-то вещами вы не будете знать, что делать. И это нормально.

Возможно, друзья посоветуют вам избавиться абсолютно от всего: одежды, памятных подарков и т. д. Но многие из нас не хотят так поступать. Мы встретили женщину, которая рассказала, как избавилась от всех вещей мужа и очень сильно об этом пожалела. Все твердили, что ей надо это сделать. Она очень хотела поступить правильно. И вот однажды женщина выпила для храбрости четыре бутылки пива и в полупьяном состоянии отнесла все вещи мужа на мусорку. Она пожалела об этом на следующий же день. Но было уже поздно.

99 Дословно: «в соответствие с новым взглядом на утрату».
100 Some of the objects won't seem to fit with your new perspective.

Не спешите выбрасывать всё. Сперва надо составить разумный план действий. *При возможности не разбирайте вещи в одиночку.*

Разбираем вещи по плану

Одна из самых сложных задач для скорбящего — решить, что делать с вещами умершего. Нам нравится подход, который называется «АБВ». Этот подход можно использовать и для других вещей.

Помните, ваша цель — оставить то, что хочется сохранить, и избавиться от ненужного или неприятного для вас. Перенесите все вещи в одну комнату. И затем, перебирая их одну за другой, разделите на три части. Если вы хотите поделиться воспоминаниями, которые вызывает каждая из них, позовите кого-то в гости или позвоните кому-то. Вещи надо разделить следующим образом:

«А». Те, которые вы точно хотите оставить.

«Б». Те, от которых вы точно хотите избавиться: продать, отдать родственникам, нуждающимся или отнести в церковь.

«В». Те, с которыми вы не знаете, что делать. Если есть хоть малейшее сомнение в том, куда положить вещь, кладите ее в эту кучу.

Мы никуда не спешим. Мы следуем четкому и эффективному плану. Что делать дальше со всеми этими кучами?

Кучу «А» возвращаете в шкаф и на свои места.

Кучу «Б» раздаете людям.

Кучу «В» упаковываете в сумки и коробки и убираете на чердак или в гараж.

После этого поздравьте себя и поблагодарите своего друга за помощь. Через месяц достаньте сумки и коробки с вещами из кучи «В», занесите их в гостиную и пройдите по плану «АБВ» еще раз. Старайтесь не делать этого в одиночку! В одну сторону отложите те вещи, которые вы хотите оставить. Это куча «А». В другую — то, что хотите отдать. Это куча «Б». Остальное складывайте обратно в сумки и коробки и несите в гараж или на чердак. Если вы проделаете то же самое с оставшимися вещами еще раз, у вас останется только то, что нужно. Если необходимо, повторите то же самое через три месяца. В конце концов, вы справитесь с этой работой.

Новый банковский счет как решение[101]

Еще одна проблема возникает с расчетным счетом в банке на имя того, кто умер. Если у вас есть общий счет, то не нужно убирать имя умершего из него, просто откройте новый, только на ваше имя. И постепенно делайте с него всё больше и больше переводов. В итоге у вас появится новая привычка, которая не будет постоянно напоминать о потере. Чтобы открыть новый счет, идите в банк с другом, никогда не делайте этого в одиночку.

Что делать с годовщинами

Даже после всей проделанной работы определенные события будут вас печалить. Это потому что вас много что связывало с любимым человеком. Хорошая новость в том, что эти времена обычно предсказуемы. Мы называем их годовщинами. И это не только годовщины событий. Любой день, который имел для вас значение, можно считать годовщиной. Поскольку чаще всего нам известны эти даты, мы можем к ним подготовиться.

Проблема в том, что люди ни с кем не делятся своими чувствами и стараются провести эти печальные дни в одиноче-

---

[101] Практика, пока еще редко встречающаяся в России.

стве. Не поддавайтесь такому искушению. Проведите этот день вместе с кем-то. Печалиться в памятные даты нормально и после восстановления.

Смерть знаменитостей

После смерти принцессы Дианы, принцессы Уэльской, нам поступило очень много звонков. Звонили те, для кого ее смерть стала личным горем. Многие американские и международные средства массовой информации обращались к нам с просьбой дать интервью и объяснить этот невероятный масштаб горя.

Вопрос, который возникал постоянно: «Почему у людей столько чувств по отношению к тому, кого они не знали?» Ответ: *на самом деле они знали ее, просто никогда не встречались с ней лично!*

Если вспомните, в наших комментариях о смерти ребенка мы говорили о том, что у нас возникает эмоциональная связь с тем, с кем мы еще не встречались лично. У нас у всех есть эмоциональная связь с людьми, которыми мы восхищаемся. Это могут быть принцессы, актеры, спортсмены или балерины. Мы все мечтаем познакомиться с ними и пообщаться. Обычно это так и не происходит, и большинство из нас никогда не напишет им письмо. Когда они умирают, у нас остается много невысказанного.

Так как это односторонние отношения, вам, наверное, не нужно строить график отношений. Но необходимо написать завершающее письмо. Расскажите умершему, как сильно вы ценили его или ее. Скажите, что вам грустно от того, что вам не удалось познакомиться и лично сказать им об этом. Помните, что закончить надо следующими словами: «Я люблю вас (если это уместно), мне будет вас не хватать. Прощайте». Если возможно, прочтите письмо другу.

ЧЕТВЕРТАЯ ЧАСТЬ

Еще о выборе и других утратах

За последние годы нам задавали множество разных вопросов, на которые мы хотим ответить в этой дополнительной части. Мы верим, что этот новый материал поможет вам лучше справиться с потерями, которые влияют на вашу жизнь. В этой части два раздела.

Первый — «Еще о выборе» — поможет вам определить, над какой потерей надо работать в первую очередь.

Во втором разделе «Как работать над особыми утратами» содержится информация о таких утратах как:

- смерть одного из родителей, когда вы были еще маленьким;
- отсутствие родителя, который не жил с вами из-за того, что родители развелись;
- жизнь в приемной семье;
- смерть младенца, бесплодие;
- болезнь Альцгеймера или деменция у любимого человека;

- жизнь в неблагополучной семье, например, в семье алкоголиков (речь пойдет об утрате доверия, отсутствии безопасности и о потерянном детстве);
- утрата веры, здоровья, потеря работы, переезд.

14

Еще о выборе: с какой утраты начать

Решение, над какой утратой работать в первую очередь, гораздо важнее, чем может показаться на первый взгляд. И даже несмотря на то, что утрата, которая привела вас к книге, возможно, случилась совсем недавно и причиняет огромную боль, лучше начать не с нее. Почему? Давайте порассуждаем: если вы собираетесь строить дом, с чего вы начнете? С крыши? Если так, что будет ее держать? Ответы очевидны. Мы часто предлагаем людям начать работать над отношениями с самыми значимыми людьми[102], потому что в этих отношениях вы обрели многие навыки и взгляды на жизнь, которые перенесли во взрослую жизнь и которые повлияли на все последующие отношения.

НАЧНИТЕ С ТЕХ, КОГО ВЫ ПОМНИТЕ

Нередко к этой книге обращаются те, кто в раннем возрасте пережил смерть одного из родителей, или же те, кто надолго

---

[102] Или «базовые отношения».

потерял связь с одним или обоими родителями из-за разрыва между супругами. К книге могут обратиться также те, кто вырос в приемной семье и страдает[103] от того, что не знает своих кровных родителей. Несмотря на то, что эти события могут быть для кого-то определяющими, начать с них свой путь восстановления в подавляющем большинстве случаев нельзя.

Есть много причин, по которым не надо начинать со смерти родителя или других утраченных отношений. Самая очевидная — ваш возраст на момент случившегося. Если родители расстались или кто-то из них умер, когда вам было меньше шести лет, у вас осталось очень мало воспоминаний об этом родителе и об отношениях с ним. Создать какую-то более-менее ясную картину о том, что произошло с вами в первые годы жизни, особенно до того момента, о котором у вас осталось первое воспоминание, очень трудно. Невозможно составить правдоподобный график отношений и вспомнить то, что погребено под воспоминаниями сознательной жизни. Также опасно полагаться на мнение и рассказы других людей.

Мы предлагаем вам начать работать над отношениями с теми, о ком у вас есть ясные воспоминания. Если не вдаваться в подробности, это будут те, кто вас воспитал. Мы ни в коем случае не преуменьшаем вероятность того, что смерть или отсутствие в вашей жизни одного из родителей оказало на вас наибольшее влияние. Мы лишь хотим сказать следующее. Мы много раз видели, что людям не удавалось составить график отношений с тем, о ком они едва помнят, если они делали это до того, как освоили навыки душевного восстановления[104]. Всё, что им удавалось, — рассказать о том, как им было плохо без этого человека.

Если вы составите график отношений с теми людьми, которых знаете и напишете завершающие письма, это сильно вам поможет. Во-первых, вы обнаружите для себя то, что было не завершено, и придете к чувству завершенности. Не важно, как

---

[103] Ощущает незавершенность.
[104] Grief recovery.

складывались эти отношения: хорошо, плохо или по-разному; и не важно, живы до сих пор эти люди или нет. Проработав отношения с теми, кто вас воспитал, вам будет проще работать над отношениями с родителем, которого не было в вашей жизни.

Принимаясь за дело, важно помнить: когда один родитель умер, второй, скорее всего, так же, как и вы, горевал об утрате. Оба супруга горюют, когда разводятся. Можно с большой долей вероятности предположить, что родитель (или оба родителя) не знали, как справиться со своей болью, и мало чем могли вам помочь. Дети учатся, наблюдая за мамой и папой. Оглянувшись назад, вы можете осознать, что подражали одному или обоим родителям. Возможно, что-то из того, что они делали, помогло вам выразить свою боль, но, вероятнее, многое из сказанного или несказанного ими помешало вам[105] справиться с горем. Полезно будет осознать, чему вы у них научились, чтобы избавиться от того, что не помогает, и предпринять необходимые действия, чтобы отпустить свою боль[106].

ЧТО ЕЩЕ ВАЖНО УЧЕСТЬ: СКРЫТЫЕ ИЛИ ЗАМАСКИРОВАННЫЕ ПОТЕРИ

На стр. 121 в четвертом пункте наших рекомендаций мы пишем, что тот человек или те отношения, с которых было бы лучше всего начать, может даже не оказаться на вашем графике утрат. Чаще всего на этих графиках обозначен родитель-алкоголик или родитель, с которым было тяжело по другим причинам, потому что он принес в вашу жизнь много боли и разрушения. Скрытую утрату могут представлять отношения с другим родителем, которые часто остаются «за кадром»[107], особенно если он или она еще живы. Хотя это и неочевидно, отношения именно с ним или с ней могут быть одними из самых незавершенных. Отчасти потому, что именно он или она находились с вами

---

[105] Дословно: «ограничило вашу способность».
[106] Буквально «завершить вашу скорбь».
[107] Дословно: «не на линии утрат».

больше всего, и потому что его или ее реакция[108] на сложного супруга создавала для вас проблемы. Скорее всего, оглядываясь назад, вы в первую очередь вспоминаете множество тяжелых событий, причиной которых был проблемный родитель, и тем не менее, начать лучше всего с отношений с другим родителем.

Смерть супруга или развод. Начните с начала

Кого-то к этой книге привела недавняя смерть супруга. Если вы уже проделали всю подготовительную работу, то, возможно, поняли, что в вашей жизни также не завершены отношения с родителями или другими людьми, которые повлияли на вашу жизнь. Будет полезно, если вы вернетесь и прежде проработаете их. Вы обнаружите ценные находки, которые окажутся полезными в работе над отношениями с супругом. Помните: вы привнесли в свой брак то, чему научились у родителей или в результате противостояния им.

То же самое верно, если вы пришли к этой книге из-за недавнего развода или разрыва романтических отношений. Для вас будет особенно ценно вернуться и разобраться в этих значимых для вас отношениях, и тогда вы увидите свой вклад в закончившийся брак или роман. Этот шаг поможет вам честнее взглянуть на себя, вместо того, чтобы сосредотачиваться на ошибках бывшего супруга. Вы увидите, какой эмоциональный багаж вы принесли в свой брак.

Только вам решать, над какой утратой работать в первую очередь, но обязательно рассмотрите возможность вернуться в прошлое и проработать сначала свои первые отношения. Помните, что в конечном итоге будет хорошо обрести полноту[109] во всех значимых для вас отношениях, которые оказали на вас влияние.

---

108   Буквально «реакция скорби».
109   Дословно: «предпринять действия восстановления скорбящих».

15

Как работать над особыми утратами

ЕСЛИ РОДИТЕЛЬ УМЕР ИЛИ ИСЧЕЗ ИЗ ВАШЕЙ ЖИЗНИ, КОГДА ВЫ БЫЛИ ЕЩЕ МАЛЕНЬКИМ

Если один из родителей умер, когда вы были еще маленьким, или его не было в вашей жизни по другим причинам, мы надеемся, что вы последовали нашим рекомендациям: составили график отношений с теми, кто вас воспитывал, и написали в их адрес завершающие письма. Если да, сейчас вы готовы приступить к отношениям с родителем, который умер или отсутствовал в вашей жизни.

Рекомендации о том, как составить график отношений, преобразовать его в составные части восстановления и написать завершающее письмо, применимы и в этом случае. Вы их найдете на стр. 136–141. Пожалуйста, вернитесь и перечитайте их перед тем, как начать работу. (Если вы выросли в приемной семье, те же самые рекомендации применимы и к отношениям с кровными родителями, которых вы никогда не знали.)

Ранее мы писали, что скорбящие склонны рисовать в своем воображении нереальные картины об умершем, идеализируя его или вспоминая все самое плохое. Дети обычно много фантазируют об отсутствующем в их жизни родителе, и их фантазии почти всегда положительные. Поскольку эта тенденция очень сильна, мы хотим повторить рекомендации, приведенные на стр. 139: «Чтобы быть правдивым и точным, чтобы не идеализировать человека, но и не видеть его только в дурном свете, отметьте два события выше и два события ниже горизонтальной линии». Мы предлагаем это для того, чтобы вы смогли воссоздать в своей памяти наиболее точную картину отношений.

Многие люди часто пересказывают печальную историю своей утраты, не понимая, что бесконечное перечисление своих бед — одна из главных причин, почему они не могут отпустить боль. Чтобы прийти к чувству завершенности в отношениях с умершим или оставившим вас родителем, важно следующее. Во-первых, сосредоточиться на определенных событиях, которые произошли или так и не произошли, и на чувствах, которые вы испытали в те моменты или испытываете до сих пор. Это поможет вам уйти от бесконечного пересказа печальной истории, которая держит вас в ловушке. Во-вторых, не анализировать то, что с вами произошло в результате смерти или ухода родителя.

График отношений

График отношений с отсутствующим родителем начинается с первого воспоминания о нем, если таковое есть. Но может оказаться, что никаких воспоминаний нет. Как бы ни было печально, но правда есть правда. Вероятно, вам рассказывали о нем или показывали его фотографии, но если вы сами ничего не помните об этом родителе, просто запишите свое первое детское воспоминание (см. стр. 107), это будет вашей точкой отсчета.

Трудность составления данного графика заключается в следующем: на нем, помимо всего, придется отметить и то, что не произошло. Чтобы осознать утрату, осознать, что могло или должно было случиться, но так и не случилось, вспомните свой первый концерт или первые соревнования, на которых не было вашего родителя. Скорее всего, вы ясно ощущали его отсутствие. Вы чувствовали, что отличаетесь от других детей, у которых были и мама, и папа. Возможно, вам было страшно открыто поговорить с родителем, который вас воспитывал, а может быть, вы думали: стоит заговорить — и станет еще хуже. И вы переживали это в детстве множество раз, когда происходило что-то важное, но так никому об этом и не сказали. Подобные переживания не ограничились детством. Вы ощущали его или ее отсутствие на выпускных в школе и в институте и на свадебной церемонии — во время тех значимых событий, на которых обычно присутствуют оба родителя.

Возможно, со временем вы научились отметать минорные чувства, и вам даже стало казаться, что отсутствие родителя вас больше не беспокоит. Но, скорее всего, как бы вы ни отгоняли свои переживания, всё происходящее так или иначе откладывало на вас отпечаток. Одна из главных целей программы душевного восстановления — обрести чувство завершенности в том, что было не завершено, чтобы больше не приходилось отметать свои чувства.

Начертите график отношений со своим отсутствующим родителем, отмечая на нем особые события и эмоции, которые они вызывали. Того, что произошло и не произошло, очень много, и всё это повлияло на вашу жизнь. Вот краткий список возможных событий:

- дни рождения и другие праздники;
- первый выпавший зуб;

- первый день в школе;
- концерты и соревнования;
- первая любовь;
- споры с опекуном.

Безусловно, когда вы становились взрослее, уже что-то другое вызывало массу чувств от того, что родитель не рядом, и вы не можете с ним это разделить.

От графика отношений к составным частям восстановления и затем к завершающему письму

После того, как вы отметили на графике отношений все события, которые смогли вспомнить, пришло время преобразовать их в составляющие восстановления: извинения, прощение и значимые мысли и чувства. Пожалуйста, перечитайте наши рекомендации о том, как это сделать, на стр. 143—149.

К этим рекомендациям мы хотим добавить следующее. Пожалуйста, помните, что любое выражение негативно окрашенных мыслей и чувств должно сопровождаться прощением. Иначе вам так и не удастся отпустить боль. Например: «Мама, из-за того, что ты не заботилась о своем здоровье, ты отняла себя у меня. Твое отсутствие было причиной многих моих страданий». Чтобы прийти к чувству завершенности, необходимо добавить: «И я прощаю тебя за это и потому отныне свободен».

Преобразовав записи на графике отношений в составные части восстановления, вы готовы написать завершающее письмо. Для этого обратитесь к рекомендациям на стр. 153—158. Строго придерживайтесь шаблона. Он вполне применим и для этих отношений. Когда вы завершите работу, встретьтесь со своим партнером (лучше всего с тем самым человеком, с которым вы уже многократно встречались), чтобы зачитать записи на вашем графике и письмо. Обратитесь к рекомендациям для того, кто слушает и говорит, на стр. 160–162.

СМЕРТЬ МЛАДЕНЦА И БЕСПЛОДИЕ

Если у вас умер ребенок или вы не смогли зачать и родить, пожалуйста, вернитесь к разделу «Первое воспоминание. Смерть младенца» на стр. 137. Эта информация поможет вам понять, с чего начать график отношений с ребенком, который умер в утробе или родился, но прожил совсем немного. Может показаться, что вышесказанное адрессовано матерям, но эти же рекомендации подойдут отцам, которые переживают свое *иначе* или *лучше*; у которых были свои надежды, мечты и ожидания об отношениях с этим ребенком.

Общие рекомендации, которые мы дали в предыдущем разделе о том, как работать над отношениями с умершим или отсутствующим в вашей жизни родителем, применимы и к этой ситуации, ведь у вас была с малышом эмоциональная связь. То же самое относится и к бесплодию, даже если у вас никогда так и не получилось забеременеть. Ведь у нас возникает привязанность к ребенку, которого мы желаем и с которым связаны наши надежды и мечты. Важно «отгоревать и проститься» со своей мечтой иметь собственных детей. Это поможет вам прийти к альтернативному решению, например, взять приемного ребенка. Вы можете принять другое решение, но главное — проститься со своими несбыточными мечтами[110], чтобы у вас появилась возможность увидеть другие перспективы.

Некоторые женщины, которые забеременели, но не родили ребенка, или чей ребенок прожил совсем недолго, так и не дали ему имя — никто им этого не подсказал. График отноше-

---

[110] Буквально «стать настолько завершенным, насколько возможно, в отношении своих прежних мечтаний».

ний и завершающее письмо предоставляют такую возможность. Она есть и у тех, кто боролся с бесплодием. Нет причин не дать имя малышу, о котором вы мечтали. И пусть он не был зачат, у вас всё же были с ним отношения. Если вы дадите ему или ей имя, это поможет вам составить график отношений и написать завершающее письмо.

БОЛЕЗНЬ АЛЬЦГЕЙМЕРА. ДЕМЕНЦИЯ

Одно из самых болезненных переживаний — видеть перед собой человека, которого мы давно знаем, но не можем общаться с ним, как раньше, в силу его заболевания. Классическая история, когда мама уходит в непонятный мир под названием болезнь Альцгеймера или деменция, оставляя дочь словно за непроницаемым стеклом[111]. Поначалу мама время от времени забывает имя дочери и какие-то подробности ее жизни. Видя ухудшения, дочь изо всех сил старается вернуть маму к привычному состоянию. Но тщетно. Ситуация ухудшается. И, в конце концов, дочь слышит: «Ты прекрасная девушка. Как тебя зовут?»

По мере ухудшения маминого состояния дочь расстраивается все сильнее и сильнее и, наконец, перестает навещать маму в доме престарелых, потому что ей слишком больно это видеть. Через год ей звонят и сообщают, что мама умерла. Печаль из-за маминой смерти усугубляется сожалением дочери о том, что она оставила беспомощную мать в доме престарелых умирать в одиночестве. И это всегда трагедия — по крайней мере, то, что она оставила маму в доме престарелых.

Лучше всего приступить к действиям, как только вы поняли, что у дорогого вам человека начала развиваться болезнь Альцгеймера или деменция. Но вы можете составить график отношений и написать завершающее письмо в любое время, следуя рекомендациям на стр. 123–162. В данном случае важно разде-

---

[111] Дословно: «в полной дезориентации».

лить график на две части. В первой будут отображены отношения с этим человеком с момента вашего первого воспоминания о нем и до начала симптомов заболевания. Напишите завершающее письмо. Когда вы будете писать «прощай», помните, что вы прощаетесь с отношениями, которые у вас были с этим человеком до болезни. И сейчас вы можете начать с ним новые отношения в силу происходящих с ним изменений.

Во второй части будут отображены отношения с изменившимся человеком. И здесь может быть много печальных событий и вызванных ими чувств. Возможно, вам нужно будет принести извинения, если вы не проявили должного терпения и понимания к состоянию человека. Скорее всего, вам также понадобится за многое его простить: за то, как он говорил или поступал по отношению к вам. Вероятнее всего, нужно будет написать, что вам очень тяжело наблюдать за тем, как вы его теряете.

Если вы уже составили график отношений и написали завершающее письмо человеку, которого вы некогда знали, приступайте ко второй части, с того момента, как вы только узнали о его заболевании. Свобода, которую вы обретете, когда завершите прежние отношения, позволит вам снова быть рядом с тем, кого вы любите, несмотря на то, что он уже не такой, как прежде.

ЕСЛИ ВЫ РОСЛИ В СЕМЬЕ АЛКОГОЛИКОВ ИЛИ ДРУГОЙ НЕБЛАГОПОЛУЧНОЙ СЕМЬЕ

Расти в семье алкоголиков или другой неблагополучной семье или воспитываться родителями с психическими отклонениями — это огромная утрата. Пожалуйста, проработайте не только отношения с зависимым родителем или тем, кто страдал от психического заболевания. Проработайте отношения со всеми домочадцами, составьте графики отношений и напишите завершающие письма каждому из них, следуя рекомендациям на стр. 136–162.

Неосязаемые утраты

Мы знаем, что в неблагополучных семьях происходит много ужасного, в связи с чем ребенок переживает следующие неосязаемые утраты. Например, *утрату нормального образа жизни* — когда его принуждают терпеть или справляться с тем, что не имеет никакого смысла; *утрату доверия* — когда ребенок из-за безумной обстановки в доме не может ни на кого положиться; *утрату безопасности* — когда неразумное поведение алкоголика или душевно больного родителя ставит под угрозу безопасность ребенка. Одна из самых больших утрат, которую испытывает ребенок в подобных семьях, — *утрата детства как такового*. И, возможно, все эти утраты вы прочувствовали на себе.

Вероятнее всего, они продолжают оказывать на вас влияние, особенно в близких отношениях, которые основываются на доверии и чувстве безопасности. К сожалению, с этими неосязаемыми потерями невозможно справиться, просто признав, что они существуют[112]. Вам нужно проделать определенную работу, чтобы восстановить чувство доверия и безопасности, которые, возможно, вы испытывали, когда были совсем маленькими, но затем потеряли. (Обратите внимание: некоторые из этих утрат или даже все может испытать и человек, выросший в «нормальной» семье.)

Когда вы будете преобразовывать свои графики отношений в составные части восстановления, помните об этих неосязаемых потерях. О них вы сможете написать в категориях «значимые мысли и чувства» и «прощение» примерно так: «Отец, я никогда не мог привести в дом друзей, потому что ты всегда был пьян. Я не чувствовал себя рядом с тобой в безопасности и не мог тебе доверять, потому что ты в любой момент мог поставить меня в неловкое положение. Я никогда не чувствовал себя частью нормальной семьи. Оглядываясь назад, я понимаю, что мне приходилось всегда быть настороже, словно у меня

---

112 Либо «просто их осознав».

и детства-то никогда не было. Я прощаю тебя за это и теперь могу быть свободным». В этих нескольких фразах можно выразить боль всех неосязаемых потерь, перечисленных выше.

Как мы уже писали, иногда люди сосредотачиваются исключительного на родителе-алкоголике, не осознавая[113], какое влияние на них оказал другой родитель. В доме, куда было небезопасно приводить друзей, потому что папа всегда был пьян, мама также могла создавать серьезные проблемы своей реакцией. По отношению к маме можно написать следующее: «Мама, из-за твоей неистовой реакции на папу и его выпивку я жил в постоянном страхе, что в любой момент рядом может «взорваться бомба». Я никогда не мог расслабиться и не могу до сих пор, будучи уже достаточно взрослым, хотя в моей жизни не происходит ничего угрожающего. Я прощаю тебя за то, что ты вселила в меня ощущения страха и обреченности. Я прощаю тебя и могу быть свободным».

ТРАВМА, ПОСТТРАВМАТИЧЕСКОЕ СТРЕССОВОЕ РАССТРОЙСТВО

Нигде в книге мы старались не употреблять диагнозы и не прибегать к общепринятым обозначениям утрат, которые вызывают скорбь. Но поскольку термины травма и ПТСР[114] так прочно вошли в наш обиход, употребляясь где надо и где не надо[115], мы решили рассказать о них в этом издании.

Травма или ПТСР — общие термины. Они описывают состояние, к которому могут привести утраты. Скорбь — характерная[116] реакция на утраты.

Если говорить о горе и горе неразрешенном, слова травма и ПТСР — общие термины. Мы дадим им определение и объясним, как их лучше использовать, чтобы обнаружить конкрет-

---

[113] Буквально «упуская, теряя из вида».

[114] Посттравматическое стрессовое расстройство.

[115] Это больше относится к США. В России этот термин пока не получил такого распространения.

[116] Или «конкретная».

ные утраты, которые они, возможно, усугубили или вызвали, и восстановиться.

Слово «травма» не ново и уже давно в ходу. Согласно этимологическому онлайн-словарю (ЭОС), оно появилось в 1690 году и обозначало «рану, боль, поражение», то есть употреблялось только для обозначения физического повреждения. Каждому из этих трёх слов легко придать эмоциональную или психологическую окраску. Но в строго эмоциональном контексте слово «травма» начало употребляться в 1894 году и, согласно ЭОС, означает «психическую рану, неприятный опыт, вызывающий болезненное напряжение, стресс». Большинство людей вкладывают в него именно такой смысл. Использование слова «стресс» в этом определении позже привело к образованию выражения «посттравматическое стрессовое расстройство».

В наши дни словарь Мерриам-Уэбстер определяет травму как: а) повреждение (рана) живой ткани посторонним предметом; б) состояние психического расстройства или нарушение поведения в результате серьезного умственного или эмоционального напряжения, а также физического повреждения; в) нервное потрясение.

Дать определение ПТСР несколько сложнее. В языке это выражение появилось относительно недавно. В словаре Мерриам-Уэбстер дано следующее объяснение посттравматического стрессового расстройства: «психическое состояние, влияющее на человека, перенесшего потрясение или оказавшегося в тяжелой ситуации (например, участие в военных действиях), которое обычно сопровождается депрессией, тревогой и т. д.». Вот расширенное определение из того же словаря: «ответная реакция психики на потрясение (военные действия, физическое насилие или стихийное бедствие), которая проявляется в виде депрессии, тревоги, внезапных болезненных воспоминаний, повторяющихся ночных кошмаров, а также в нежелании столкнуться с напоминаниями о стрессовом событии. Называется посттравматическое стрессовое расстройство или ПТСР».

Этот термин в своем современном значении вошел в обиход только в 1980 году. До этого данное выражение в основном использовалось для обозначения влияния, оказываемого на людей войной, когда их жизнь и здоровье подвергались постоянной опасности. С 1678 года употреблялись следующие термины, которые способствовали появлению термина ПТСР: ностальгия, кардионевроз, нейроциркуляторная дистония, боевой шок, военный невроз, невроз военного времени.

Очевидно, что все вышеперечисленные термины имеют отношения к войне и сражениям, когда велика вероятность погибнуть в любой момент. Но, как вы наверняка знаете, термин ПТСР используется в наши дни для обозначения любого произошедшего с нами негативного события. Что бы ни обозначало сейчас это выражение, вы можете использовать принципы и действия, предложенные в этой книге, чтобы справиться с последствиями любых событий, которые не дают вам покоя.

Интересно отметить, что какие-то рода войск избегают использование термина ПТСР, предпочитая ПТС[117], исключая слово «расстройство».

Для наших целей мы не будем менять аббревиатуру, но будем придерживаться того, что «горе — это нормальная и естественная реакция на любую утрату». Помня об этом, вы сможете пройти все этапы восстановления, предложенные в этой книге, и разобрать отношения с людьми, которые повлияли на вашу жизнь, с точки зрения утрат, как подробно объясняется в разделе «Переводим травму и ПТСР в категорию утрат».

Когда вы обозначаете утраты словами «травма» и «ПТСР», это мешает вам восстановиться.

---

[117] Посттравматический синдром.

Для наших целей мы разделим события, которые спровоцировали так называемые травму и ПТСР, на две большие категории. И затем перейдем к более точным терминам.

К первой категории мы отнесем случаи плохого или жестокого обращения, которому человек периодически подвергался в течение долгого времени — нескольких месяцев или лет. Здесь мы не имеем в виду, что плохое обращение встречалось только в детстве. Для многих это было лишь началом, поскольку ребенок не способен защититься или выйти из ситуации. Да, эти события травматичны и могли привести к ПТСР в современном значении этого выражения.

Ко второй категории мы отнесем единичные события. К таким событиям относится изнасилование, которое имеет долговременные (часто пожизненные) эмоциональные и физические последствия. А также автокатастрофы, убийства или любые другие инциденты, свидетелем или участником которых человек стал, и страшные картины чего до сих пор его преследуют. Бесконечные телевизионные трансляции событий, произошедших 11 сентября — пример того, как увиденное может до сих пор оказывать на вас влияние. Всё это травматично, и состояния, которые эти события провоцируют, можно назвать ПТСР, опять же в его современном значении.

Если вы соглашаетесь с тем, что слова «травма» и «ПТСР» — широкие, общие понятия, тогда вы признаёте, что нам надо найти для них более верные термины с точки зрения утрат. Трудно избавиться от влияния этих утрат, когда их названия, словно щит, стоят на пути к восстановлению. Мы не говорим, что травмирующие события не оказали на вас огромного влияния, и не отрицаем, что они, возможно, сильно мешают жить счастливо и благополучно. Наша задача — предложить верные понятия, которые помогут обрести чувство завершенности по отношению к трагическим событиям и отпустить[118] утраты, которые они спровоцировали.

---

[118] В английском: complete with.

Перед тем как мы расскажем, как преобразовать общие понятия, обозначающие травматические события, в специфические, показывающие, какое влияние оказала на вас утрата, мы хотим упомянуть некоторые природные и неприродные катаклизмы, которые, возможно, повлияли на вас прямо или косвенно.

Повторяющиеся репортажи о природных явлениях, таких как ураганы, торнадо и цунами, потрясают и надолго врезаются в память. Те, кто оказался в эпицентре события и выжил, безусловно, пережили всё иначе. И тем не менее, повторяющиеся репортажи в средствах массовой информации могут надолго вселить в нас ужас.

Репортажи о трагедиях, подобных случившейся 11 сентября, или о стрельбе в школе «Колумбайн», были ужасающими и травмирующими для зрителей. В современном мире подобные картины, бесконечно прокручивающиеся на экранах телевизоров и в других средствах массовой информации, могут пошатнуть наше чувство доверия к этому миру и чувство безопасности.

Нам необходимо разделить повторяющиеся и единичные события, так как действия, которые нужно предпринять для восстановления после них, несколько отличаются. В следующем разделе приведен пример помощи человеку, который подвергался неоднократному жестокому обращению со стороны родственника в течение многих лет.

Обратите внимание: даже если кто-то пережил много единичных событий, каждое из которых сильно на него повлияло, эти события не связаны с одними и теми же отношениями, как в случае, когда человек подвергается плохому обращению со стороны одного или нескольких людей. Поэтому и путь восстановления будет отличаться. Мы подробнее расскажем об этом далее в разделе «Влияние не связанных единичных событий».

Переводим травму и ПТСР в категорию утрат

Скорбящие часто используют термины «травма» и «ПТСР», чтобы описать свою реакцию на разные события в их жизни, которые стали причиной эмоциональных и психологических проблем. Кто-то узнает об этих терминах от специалистов или из каких-то телевизионных передач, но большинство встречают их, когда читают статьи или книги на эти темы. И часто неверно применяют этот диагноз к себе, тем самым препятствуя своему восстановлению.

Когда скорбящие используют эти термины, обычно мы их перефразируем с помощью слов, обозначающих горе и утраты, чтобы понять, что в точности скорбящие хотят до нас донести. Ранее в этой главе мы говорили о том, как иметь дело с *неосязаемыми утратами*, которые надолго оставляют человека с определенными чувствами. Такие утраты переживают люди, которые росли в семье алкоголиков или других неблагополучных семьях. Неосязаемые утраты, о которых шла речь, — *утрата доверия, чувства безопасности, нормального образа жизни и детства*. Исходя из печального опыта, мы добавим еще *утрату контроля над своим телом и утрату одобрения*.

Вот как мы помогаем тем, кто пытается донести до нас, как на них повлияла так называемая травма или ПТСР:

Скорбящая: С шести до 14 лет я подвергалась сексуальному насилию со стороны дедушки. У меня эмоциональная травма.

Специалист института: Да, это было очень травматично для вашей психики. Могу себе представить, что вы пережили утрату доверия, чувства безопасности и утраты контроля над своим телом.

Скорбящая: Да! Именно это я и испытала. И не только. Но я никогда не слышала, чтобы это так называли.

Специалист института: Вы можете вспомнить, как еще данные события на вас повлияли?

Скорбящая: Да, сейчас, во время нашего разговора, я понимаю, что, когда начала ходить на свидания, уже чувствовала себя испорченной и ни на что не годной.

Специалист института: Ужасно войти во взрослую жизнь с ощущением *утраты собственной значимости,* не понимая, кто ты и что ты. Вы когда-то говорили об этом с мамой, папой или с кем-то еще?

Скорбящая: Что вы?! Дед всегда грозил мне физической расправой, если я кому-то хоть слово скажу.

Этот пример показывает, как от общих слов «травма» или «ПТСР», «насилие» и «плохое обращение» мы переходим к конкретным утратам, вызванным домогательствами дедушки.

Читая этот раздел, вы, должно быть, заметили, что мы упоминаем несколько других утрат: утрата доверия, чувства безопасности, контроля над своим телом и собственной значимости. Последнее может также восприниматься, особенно в детстве, как утрата одобрения.

Метод восстановления скорбящих ориентирован на то, чтобы помочь вам проработать отношения с тем, кто вас изнасиловал или плохо с вами обращался, а также с теми, кому вы сказали о случившемся, но кто не обратил на ваши слова никакого внимания, не услышал вас или не поверил вам. Это мог быть родитель, охранник или любой другой человек.

Данный пример может помочь вам определить, к каким отношениям вам надо вернуться, и какие утраты они для вас представляют. Уход от диагнозов и терминов — таких как травма и ПТСР — и использование слов, обозначающих утраты, помогает завершить то, что было и, возможно, остается, незавершенным в результате травмирующих событий и переживаний, которые негативно сказались на вашей жизни.

Во многих случаях становится очевидным, что ваши отношения с матерью и/или отцом — которые либо не знали, что происходит, либо догадывались, но предпочли закрыть глаза — тоже необходимо проработать. Это может быть непросто, так как вы не знаете наверняка, что они знали и о чем догадывались. Тем не менее, у вас могут быть мысли и чувства, что они не сумели вас защитить, и вам надо их за это простить.

От осознания[119] к восстановлению

Подобное обращение дедушки стало причиной того, что девочка утратила доверие, чувство безопасности, контроля над своим телом и стала чувствовать себя «испорченной» и «ни на что не годной». Все эти утраты необходимо отразить на графике отношений, который нужно потом преобразовать в составляющие восстановления и в конце концов в заключительное письмо дедушке. (В главах 11 и 12 подробно описано, как это нужно сделать.)

Безусловно, что касается составляющих восстановления, вам понадобится в основном выразить свои значимые мысли и чувства и простить. Помните, что в графике или в письме бесполезно перечислять все случаи дурного обращения с вами. Лучше описать три или четыре конкретных события и как они на вас повлияли и затем простить.

После этого вы можете написать, что прощаете человека за всё множество раз, когда он причинял вам вред. Выглядеть это может примерно так:

«Я прощаю тебя за каждый отдельный случай, когда ты причинял мне боль. Я прощаю тебя за то, что ты запугивал меня, чтобы я никому ничего не рассказывала. *Я прощаю тебя и потому* **могу быть свободной**».

---

[119] В английском: discovery.

Это поможет вам прийти к чувству завершенности[120] и выведет на путь к свободе от прошлого, насколько это возможно.

И снова о необходимости перейти от общего к частному, чтобы восстановиться

Когда психолог (или кто-либо еще) употребляет слова «травма» или «ПТСР» для обозначения чьей-то реакции на плохое обращение, он ненамеренно дает в руки человеку щит, за которым тот может спрятаться. В результате скорбящие так ничего и не предпринимают, чтобы разобраться со своими болезненными воспоминаниями о людях и событиях и прийти к чувству завершенности. Они лишь продолжают повторять, что у них ПТСР или травма.

Как мы уже говорили, травма и ПТСР — общие термины. Они не объясняют, какое влияние оказали на человека события, которые впоследствии привели к травме или ПТСР, и не помогают обнаружить чувства утраты и горя, которые эти события породили. Вышеприведенный пример перефразирования показывает, как важно помочь скорбящим осознать, что стоит за этими терминами, поскольку только им одним известно, что они чувствовали и чувствуют.

Главное — перейти от общего к частному с четкой целью осознать и завершить то, что осталось для вас незавершенным в результате случившегося. И речь здесь идет не только о том, чтобы прийти к чувству завершенности в отношениях с человеком, который причинил вам вред, но и в отношениях с родителями, охранниками и другими, кто не обратил внимание на происходящее и не заступился за вас или, хуже, с теми, кто не поверил вам или не помог, когда вы им обо всем рассказали.

Пожалуйста, не поймите нас превратно: события, которые вызвали чувство утраты, реальны и осязаемы. Мы назы-

---

[120] Дословно: «это поможет вам чувствовать себя более эмоционально завершенным».

ваем эти утраты «неосязаемыми» только для того, чтобы отличать от смерти, развода и других подобных утрат.

Влияние отдельных единичных событий

Метод восстановления скорбящих хорошо подходит тем, кому нужно иметь дело с долговременными последствиями событий, случившихся в отношениях со знакомым человеком или знакомыми людьми, какими бы ни были эти отношения: хорошими, плохими или разными.

Но эта методика имеет свои ограничения. Ее достаточно сложно применить к отдельным единичным событиям, которые часто бывают крайне травматичными. Возьмем, например, изнасилование, когда жертва не знает и часто даже никогда не встречала нападающего. Очевидно, невозможно составить график отношений с тем, кого ты не знаешь.

В таких ситуациях полезным будет один аспект этой методики — прощение как идея и последовательность действий, предложенных на стр. 145–147. Мы знаем, что даже намек простить насильника сразу после случившегося может вызвать у многих отторжение. Но это потому что они не понимают, что значит прощение и для чего оно предназначено, что это способ освободиться от обиды. Прощение предназначено не насильнику и никак его не касается. Оно предназначено для пострадавшего.

Мы также полагаем, что жертва насилия (или других жестоких действий) испытывает сильнейший гнев. Мы не считаем, что пострадавшему нужно быть вежливым в выражении своих мыслей и чувств для того, чтобы простить преступника.

Например, непрямое обращение[121] к насильнику может выглядеть так: «Ты, придурок, я ненавижу тебя и то, что ты сделал со мной! Ты вселил в меня страх и лишил меня доверия и чувства безопасности. Ты изнасиловал меня. Теперь мне сложно доверять людям и даже себе. Но я не могу прожить остаток жизни с обидой, которую испытываю по отношению к тебе. Я прощаю

---

[121] Письмо, о котором он никогда не узнает.

тебя и потому могу быть свободной. Но мое прощение предназначено для меня самой, чтобы я заново смогла построить свою жизнь. Больше всего на свете я желаю, чтобы тебя нашли, осудили и упрятали подальше навсегда. Прощай!»

Это мини-письмо нужно прочесть вслух тому, кому вы доверяете. Да, это нужно сделать, даже если сейчас вам нелегко доверять. Ваш слушатель должен сохранять полную конфиденциальность и не говорить никому о том, что услышал, и даже не упоминать о существовании письма.

Многие спрашивают, что им делать с письмами, которые они прочитали кому-то. Есть несколько вариантов. Вы можете избавиться от письма, но будьте осторожны, чтобы оно не попало никому в руки. Вы можете сжечь его, что будет символизировать конец и новое начало. Вы можете сохранить его, но будьте уверены, что его никто не найдет.

Достаточно ли одного-единственного прощения?

Неважно, предприняли ли вы целый ряд шагов: составили график отношений и написали заключительное письмо — по отношению к тому, кто сыграл какую-то роль в вашей жизни, или написали небольшое письмо, как в примере выше, возможно, вы задаетесь вопросом: неужели один раз написать (и произнести) «прощаю» достаточно? Принимая во внимание, что в заключительном письме собрана вся боль, причиненная вам этим человеком, неужели всё так просто? Раз — и вы свободны.

Нет, один раз простить редко бывает достаточно. Нет правила, по которому вы должны простить не больше определенного количества раз, чего бы это ни касалось: так называемых травмирующих событий или того, что некоторые называют ПТСР. Вы можете прощать столько, сколько необходимо. Вы можете прощать каждый раз, когда возвращаются воспоминания о том, что с вами сделали. В противном случае вы будете продолжать жить с обидой, что вам только навредит. Прощение — самый надежный и единственный путь к свободе, который дает вам возможность вновь обрести способность доверять себе и другим.

Что касается многократного прощения: в большинстве случаев вам понадобится простить лишь мысленно, в сердце — это поможет вам вернуться в реальность. Но иногда, особенно когда вы только в начале пути, возможно, полезней будет написать о своем прощении и затем прочитать написанное своему партнеру. Это можно сделать по телефону, но будьте уверены, что никто посторонний вас не слышит. Всегда помните, что прощение предназначено вам самим, чтобы вы могли обрести свободу.

В заключении. Пожалуйста, поймите нас правильно. Мы не хотим сказать, что повторяющиеся или единичные события не причинили вам колоссальную боль. Вам также не следует считать, что мы пытаемся отрицать, опровергнуть или приуменьшить страдания, которые вам довелось испытать. Далеко не так. Мы пытаемся показать вам, как можно перестать испытывать боль, даже когда события, породившие ее, остались далеко позади. Чтобы вы ясно понимали, зачем предпринимать действия, описанные в книге, пожалуйста, перечитайте раздел на стр. 73–76 под заголовком «Чья ответственность?». Там говорится, что многие из нас научились обвинять других в своих чувствах. Это не дает возможность взять ответственность за свою реакцию на события, которые повлияли на нас. Главное слово здесь «реакция», потому что это единственное, над чем мы можем работать.

ОСОБЫЕ СИТУАЦИИ: УТРАТА ВЕРЫ, РАБОТЫ, ЗДОРОВЬЯ, ПЕРЕЕЗД

В течение многих лет работы нам часто задавали вопрос, как составить график отношений касаемо утрат, которые не относятся к понятным категориям, таким как смерть или развод. Среди самых распространенных вопросы о том, что делать *с утратой веры, потерей или сменой работы, потерей здоровья или изменениями в его состоянии и даже с переездом. Ведь* может показаться, что эти утраты больше относятся к нам самим, чем к другим людям. Но вы увидите, что они очень связаны с людьми, которые были для вас значимыми или являются таковыми сейчас.

Скоро мы подробно расскажем вам, как иметь дело с перечисленными выше утратами. Но — и давайте это «НО» будет написано большими буквами — прежде вам необходимо предпринять все шаги, описанные в книге. Особенно важно проработать отношения с теми людьми, которые оказывали на вас самое непосредственное влияние. Если вы не проделаете основную работу, попытки прийти к чувству завершенности в отношении этих утрат обернутся умозаключениями и анализом. Но если вы следуете всем нашим рекомендациям, то сможете в полной мере ощутить чувство завершенности относительно любой потери, которая сказывается на вашей жизни.

Следующий раздел посвящен трем значительным областям жизни: вере, здоровью и работе. Первая из них — утрата веры — охватывает много аспектов. Даже если вы не испытывали подобных проблем, пожалуйста, прочтите эту часть. Она послужит образцом для работы над другими утратами — здоровья и работы — о которых мы поговорим далее.

Утрата веры

Есть две причины, по которым человек может ощутить утрату веры в Бога или в свою религию. Первая — когда происходит какое-то трагическое событие, ответственность за которое человек возлагает на Бога[122]. Второе — когда недоверие формируется годами и складывается не только из непонимания действий Бога, но также религиозных доктрин и поступков священнослужителей, членов семьи и других людей, имеющих отношение к церкви. Осознание, что вы утратили веру, приходит к вам после очередного разочарования в Боге, религиозных принципах или людях.

___
[122] Дословно: «которое вы ассоциируете прежде всего с Богом».

Что бы ни было причиной утраты веры, мы покажем, как завершить то, что осталось незавершенным, и обрести чувство завершенности в отношениях с Богом, людьми, событиями и религиозными институтами, которые способствовали или стали причиной этой утраты. Начать вам следует с графика отношений. С помощью него вы определите, что[123] связано непосредственно с Богом, а что — с другими людьми. Этот график будет состоять из мини-графиков отношений с людьми, которые влияли на данную сферу вашей жизни и отношения с Богом.

Составляем график отношений. Прежде чем приступить к графику, вернитесь и перечитайте 11 главу на стр. 123—142 о том, как его составлять. Вспоминая соответствующие события и отношения с людьми, помещайте всё, что вызывает положительные эмоции, выше горизонтальной линии, а негативные и болезненные чувства — под ней. Некоторые события, произошедшие или не произошедшие в вашей жизни, и то, как они повлияли на вашу жизнь, будут вызывать как позитивные, так и негативные чувства[124]. Указывайте имена людей и примерные даты, когда это произошло. Не беспокойтесь, если вы забыли какие-то имена, даты или другие подробности событий.

Начните с первых воспоминаний, связанных с религией. Они могут включать в себя воспоминания о:

- родителях;
- священнослужителях или раввинах;
- воскресной школе или ее учителях;
- церкви, храме или мечети (далее просто «церковь»);
- доктрине церкви.

---

[123] Дословно: «какие элементы», то есть линия отношений помогает разобрать ощущение утраты веры на составляющие части.

[124] Дословно: «как положительную, так и отрицательную реакцию».

Однажды вы начали знакомиться с доктриной вашей религии. Возможно, то, что вы узнавали, было вам по душе, а может быть, и нет. Возможно, временами вы ставили какие-то религиозные принципы под сомнение. Если вы много думали и переживали о религиозных и духовных принципах, отметьте это на графике. Возможно, эти чувства отчасти на вас и повлияли. Мы не раз слышали о том, что в детстве некоторые видели, как руководители церкви не следовали принципам, которым учили других. Если это коснулось и вас, утрата доверия, которую вы ощутили, способствовала утрате веры, пусть не в Бога, но в людей, которые учат о Боге. Также важно, говорили ли вы об этом кому-нибудь или нет, и что на это вам ответили или какие действия предприняли, чтобы помочь. Всё это напрямую касается вашей веры и должно появиться на графике отношений.

Когда вы закончите составлять график, нужно будет преобразовать всё отмеченное[125] в составляющие восстановления: извинения, прощение и значимые мысли и чувства. Чтобы вспомнить, как это делать, перечитайте главу 12 на стр. 143–168. Проделав эту работу, вы увидите, что нужно адресовать Богу, а что — людям. Не торопитесь. Чем тщательней вы выполните задание, тем сильнее будет эффект завершающего письма.

Возможно, вы вспомните о людях, с которыми редко общаетесь, но которым очень благодарны за их духовное влияние или наставления. Перед ними, скорее всего, не придется извиняться и не придется их прощать. Возможно, вы захотите сказать им «спасибо» — простое слово, которое обладает огромной силой.

Пишем завершающее письмо. После того, как вы проделали всю подготовительную работу, пришло время написать завершающее письмо. И прежде чем к нему приступить, перечитайте соответствующие рекомендации на стр. 153–158. Обратите особое внимание на начало стр. 154, где говорится о том, что не

---

[125] То, что вы обнаружили.

нужно переносить повторяющиеся фразы в письмо, но важно их объединить. Опираясь на свои отредактированные записи, напишите завершающее письмо. Поскольку оно будет адресовано многим людям, а также Богу, хорошо начинать каждое высказывание с соответствующего обращения, называя человека по имени, если вы его помните. Это поможет вам не запутаться и не забыть, кому направлены какие слова. Позже вы сможете прочитать эти обращения вслух с соответствующими эмоциями.

Поскольку вам есть, что сказать не только Богу, но и многим людям, в своем письме вы будете поочередно обращаться к каждому из них. Это письмо будет подобно дереву с множеством ветвей, где каждый человек и событие являются частью единой картины. Мы предлагаем вам начать его иначе, чем завершающее письмо, адресованное конкретному человеку. Вам лучше написать: *«Я пересматривал свое отношение к вере, Богу и людям, которые встречались мне на духовном пути, и обнаружил, что мне необходимо сказать следующее...»*

Скорее всего, ваши первые строки будут адресованы родителям — это первые записи на графике отношений. Вот что вы можете написать, если ваши ранние воспоминания положительные: *«Мама, спасибо тебе огромное за то, что ты рассказывала мне о Боге и о небесах. Я помню, что эти знания помогали мне чувствовать себя в безопасности. Спасибо, что ты водила меня в воскресную школу и побуждала читать Библию».*

Если же ваши первые воспоминания не столь радужны, вы можете написать: *«Мама, я прощаю тебя за то, что ты заставляла меня ходить в воскресную школу. Учительница, которая нам преподавала, была очень злой и запугивала меня, говоря, что со мной произойдет нечто ужасное, если я не буду верить ее словам. Мама, я прощаю тебя за то, что ты не помогла мне, когда я рассказала тебе об этом».*

Вот простые примеры двух крайних ситуаций. Возможно, ваши воспоминания не настолько черно-белые. Может быть, они вызывают смешанные чувства и разные по отношению к матери и отцу. В своем письме вы сможете обратиться отдельно к маме и папе.

Следующие строчки письма могут быть адресованы учителю воскресной школы, с которым связаны положительные, отрицательные или смешанные чувства. Выразите их в одной из предложенных форм. Как мы уже говорили, продолжайте работать независимо от того, помните вы имена и даты или нет. Главное — выразить некогда невысказанное людям (не напрямую), которые так или иначе участвовали в вашей духовной жизни. Возможно, вы поблагодарили своего учителя или священнослужителя много лет назад, но сейчас хотите выразить эту благодарность полнее. Тогда вы можете написать: *«Пастор Джей, я хочу, чтобы вы знали, как ваше учение помогло мне в дальнейшей жизни. Ваш прекрасный пример и по сей день оказывает влияние, потому что я передаю полученные от вас знания своим детям. Спасибо вам огромное!»* Подобным образом вы можете выразить и негативно окрашенные чувства, но только с прощением. Например: *«Гн. Глейзер, я помню, как мне было страшно, когда вы рассказывали нам про дьявола. Этот страх сопровождал меня всю жизнь. Я прощаю вас, и поэтому могу отпустить этот страх».*

Многие злятся на Бога, особенно когда происходит что-то плохое с ними или с тем, кто им дорог. Возможно, вы сердитесь на Бога, но чувствуете себя из-за этого плохо. Вы бы хотели простить Его, но боитесь самой этой идеи, потому что вам кажется, что это неуважительно по отношению к Нему. Проблема в том, что до тех пор, пока вы обижены, вам не удастся восстановить свое доверие к Богу. Но даже если вы не ставите своей целью обновить свою веру, нет никакого смысла жить с негодованием, которое вредит вашей душе и сердцу.

С другой стороны, возможно, вы хотите высказать какие-то положительные мысли и чувства. Если вы убеждены, что Бог был с вами в трудные периоды жизни, вы можете написать: *«Спасибо, что Ты был со мной и моей семьей, когда мы переживали трагическую смерть наших близких в автомобильной катастрофе».* Мы написали это просто ради примера. Вы можете выразить свои мысли и чувства так, как считаете нужным.

Мы знаем, что существует много разных мнений о том, как надо общаться с Богом, но не хотим навязать то, что не увязывается с вашими представлениями. Мы лишь предлагаем сказать Богу всё хорошее и плохое настолько прямо, насколько возможно, в форме извинений, прощения и выражения мыслей и чувств. Чем точнее вы выразите всё, что у вас на душе, тем полнее ощутите чувство завершенности.

Завершение письма. Конец письма так же, как и начало, будет обращен ко многим людям и к Богу. Можно по-разному закончить письмо, в соответствии с вашими пожеланиями, и всё это будет верно. Непреложно лишь слово «прощай». (Мы не перестанем подчеркивать, как важно попрощаться в конце этого письма, так же как и в конце всех других завершающих писем). Да, мы предлагаем вам попрощаться с Богом и всеми, кому адресовано это письмо. Но помните, что это прощание не означает конец отношений. Оно знаменует завершение данного общения. Один способ завершить письмо — попрощаться сразу со всеми. И выглядеть это может примерно так: «Мне пора идти, и мне нужно отпустить боль, которая связана с Богом, религией и всеми людьми, которые встретились мне на этом пути. Прощайте». Возможно, вы захотите попрощаться отдельно с Богом и с несколькими людьми. Это нормально. Делайте, как считаете нужным. Главное не забудьте сказать в конце «прощай».

Написав завершающее письмо, сделайте последний шаг — прочтите его надежному человеку. Для этого обратитесь к рекомендациям для читающего и слушающего на стр. 160—162. Важно, чтобы слушатель пообещал вам соблюдать конфиденциальность.

Потеря или смена работы

Чтобы разобраться с болью из-за потери или смены работы, нужно следовать принципам, изложенным в предыдущем разделе «Утрата веры». Если вы не прочитали его, пожалуйста, вернитесь и прочитайте. Тогда вам легче будет выполнить наши дальнейшие рекомендации.

Ваше отношение к работе начало формироваться с появления первых обязанностей по дому, если они были. Если нет, это тоже важно. Возможно, вы получали какую-то плату соответственно выполненной работе. Это необходимо отразить на графике. Вспомните и опишите, как относились к работе ваши родители: в чём это выражалось или не выражалось. Были ли они постоянны? Проявляли ли они усердие? Если в вашей семье работал только отец, относилась ли мама к своим домашним обязанностям серьезно и была ли для вас хорошим примером? Если работала мама, а папа был дома, как он относился к своим обязанностям? Всё, что вы видели в детстве, плохое и хорошее, повлияло на ваши убеждения и отношение к работе и карьере.

Отмечайте события в хронологическом порядке: начните с детства, затем перейдите к юности и далее до сегодняшнего дня. Начните с домашних обязанностей, затем перейдите к подработкам и к первой оплачиваемой работе. Когда вы будете работать над графиком отношений, вам вспомнятся начальники и сотрудники. Кто-то вам нравился, кто-то нет. Кто-то хорошо с вами обращался, а кто-то нет. Всё это необходимо отразить на графике.

Когда вы закончите, вам нужно будет преобразовать свои записи в составляющие восстановления и сформулировать мысли для своего завершающего письма. Вот, примерно, что вы можете написать в адрес своего начальника, у которого работали, будучи подростком: «Многие годы я обижался на вас за то, что вы как-то отправили меня домой за опоздание на работу. Но я извлек свой урок. С того времени я ответственно отношусь к своим обязанностям и всегда прихожу на работу и на встречи вовремя. Я прощаю вас за то, что вы отправили меня домой. И я благодарен вам за то, что вы преподали мне ценный урок».

Сегодня не редки случаи, когда людей увольняют или понижают в должности, несмотря на заслуги. И часто это делается без должных объяснений и заботы о людях, их благополучии и чувствах. В таких ситуациях обрести чувство завершенности помогает прощение.

Когда вы готовы написать завершающее письмо, вы можете начать его без обращения: *«Я переосмысливал свое отношение к работе и обнаружил то, что мне хочется сказать...»*. Как мы уже писали в предыдущем разделе, посвященном вере, на графике будет отмечено много людей, которые повлияли на ваше отношение к работе. Они же будут упомянуты и в завершающем письме. Нередко случается, что наши надежды, мечты и ожидания, как должна складываться наша карьера и что должно происходить на работе, не осуществляются. В завершающем письме попрощайтесь со своими прежними мечтами, и это освободит вас для новых, достижимых целей.

Как и в других завершающих письмах, нельзя переоценить важность слова «прощай» в конце письма. Один из вариантов — попрощаться сразу со всеми, и это будет выглядеть примерно так: *«Мне пора идти. Я отпускаю всю боль, связанную с моей работой и соответствующими людьми. Прощайте»*.

Утрата здоровья. Ухудшение здоровья

Этот раздел, как и предыдущий, опирается на принципы, изложенные в разделе «Утрата веры». Пожалуйста, вернитесь и перечитайте его, чтобы понять, как работать над проблемами со здоровьем.

Опять же мы начнем с самого начала — вашего начала. Мы хотим, чтобы вы начертили график отношения к своему телу. Каким вы были в детстве? Вы были спортивным ребенком? Вам нравилось танцевать? Вы были активным ребенком? Если ответы на любой из этих вопросов «да», начать выполнять задание будет сравнительно легко. Вы будете вспоминать то, что вам нравилось, и людей, которые были рядом. Возможно, вы не вспомните имена всех, с кем играли в детстве, когда и чем занимались. Это нормально. Для нас важнее чувства радости и удовольствия — или боли — которые вы получали от физической активности.

Когда вы немного повзрослели, и у вас начался процесс созревания, какие ощущения вы испытывали, приятные или неприятные? Вы себе нравились? Как, по вашему мнению, вас воспринимали другие? Возможно, вы часто болели или по каким-то причинам были строго ограничены в активных играх и активных видах деятельности — вы не могли подолгу гулять, кататься на велосипеде или плавать. Если вы любили активные виды деятельности, но не могли ими заниматься, вы испытывали чувство утраты.

Если вы не были спортивным ребенком — не занимались спортом, не танцевали, не играли в активные игры — ваш график отношения к своему телу и здоровью будет выглядеть несколько иначе. Множество людей получают больше удовольствия от умственной деятельности, чем от физических нагрузок. Даже если так, возможно, какие-то проблемы со здоровьем ограничили вашу способность читать, работать на компьютере или заниматься каким-то другим любимым делом. Мы не говорим, что вы не обращали никакого внимания на состояние своего тела и здоровья, или что ухудшение здоровья никак на вас не повлияло. Наоборот, иногда именно утрата каких-то физических способностей заставляет людей осознать, что они не уделяли времени физическим нагрузкам.

Выполняя это задание, вы вспомните соответствующих людей. Если вы активно занимались спортом, у вас были тренеры, спортивная команда и другие люди из мира спорта. И, опять же, кто-то вам нравился, кто-то нет. С каждым из этих людей у вас были какие-то свои отношения, и вот к этим людям вам и нужно обратиться: *«Ты был прекрасным игроком нашей команды, всегда поддерживал и ободрял меня. Спасибо».* Или: *«Ты не давал мне возможности стать частью команды. Я прощаю тебя за то, что ты так эгоистично себя вел».*

Спорт, прогулки, танцы и другие активные виды деятельности приносят в жизнь многих людей равновесие, помогая сбросить напряжение от работы и повседневных забот. Физические нагрузки оказывают на нас терапевтическое действие, помогая переключиться и отвлечься. Утрата каких-то физических возможностей может восприниматься тяжело. Не следует преуменьшать значимость этой утраты или делать вид, что всё в порядке. Часто с ухудшением здоровья мы лишаемся ощущения независимости. Не пренебрегайте тем фактом, что некоторые проблемы со здоровьем ограничивают нашу способность водить машину, также лишая нас самостоятельности. Именно пошатнувшееся здоровье более всего заставляет людей чувствовать себя уязвимыми и забирает ощущение безопасности.

Когда вы будете писать завершающее письмо, многие ваши чувства и мысли будут о людях, которые были частью вашей физически активной жизни. Но какие-то фразы вам нужно будет адресовать своему телу. Как бы глупо это ни звучало, думаем, будет хорошо поблагодарить свое тело за все удовольствия, которые оно позволило вам испытать, когда вы были физически активны. В разделе о работе мы писали, что в завершающем письме вы можете попрощаться с несбыточными надеждами и мечтами, которые у вас некогда были, чтобы освободить место для новых «сбыточных» надежд. То же самое относится и к здоровью. Важно с помощью графика и завершающего письма попрощаться с теми возможностями, которые мы раньше имели, чтобы сосредоточиться на том, что нам доступно сегодня.

Может быть, в процессе работы, вы поймете, что случившееся с вами имеет прямое отношение к тому, как вы заботились (или не заботились) о себе. Если так, тогда в завершающем письме вы сможете извиниться перед собой. Возможно, это покажется глупым, но всё равно сделайте это. Некоторые предпочитают простить себя, а не извиняться. Вам решать.

И в заключение. У многих людей складывается негативное представление о своем теле, атлетических способностях и физических возможностях, потому что им это внушили родители, братья, сестры или другие люди. Эти представления влияют на их жизнь и ограничивают их возможности. Опять же, график отношений и письмо предоставляют прекрасную возможность простить этих людей.

Переезд

Чаще всего именно переезд меньше всего относят к событиям, которые вызывают чувство скорби. Но это неверно. Чтобы понять, почему, давайте вспомним наше определение скорби. *Это чувство возникает вследствие прекращения или изменения привычного образа жизни и вызывает противоречивые чувства.* Что может больше соответствовать этому определению, чем переезд, когда меняется всё, что было привычным.

В подтверждение этому мы поместили сюда отрывок из нашей книги «Когда скорбят дети» — историю, написанную Джоном В. Джеймсом о своей семье. Несмотря на то, что речь в ней пойдет о сыне Джона, описанное одинаково относится ко всем, независимо от возраста.

В 1987 году Джон, его жена Джесс и шестилетний сын Кол готовились к переезду из квартиры в дом, который на-

ходился в другом районе Лос-Анджелеса. К этому времени Джон уже много лет помогал скорбящим и знал, что люди скорбят вследствие прекращения или изменения привычного образа жизни и испытывают при этом противоречивые чувства.

Джон давно уже понял, что для детей первый переезд — самая значимая утрата, не зависимо от того, насколько лучше и больше будет новый дом, и куда именно переезжает семья: в другой город, штат или просто в другой район.

Дети не любят перемены и боятся их. Потому что с переездом всё вокруг перестает быть привычным. На кого еще влияет переезд? На родителей? Да, вы правы.

Часто люди переезжают в больший по размеру дом поближе к новому месту работы, которое сулит больше денег. И это хорошие изменения. Однако дети привыкли к старому месту жительства, каким бы оно ни было. Они знали свой дом, и им казалось, что дом знает их. Каждый уголок и каждая трещинка были родными. И радость переезда в новое место смешивается с печалью о том, что им приходится покидать свое прежнее место жительства. Даже если детям этот дом не нравился, там всё было им знакомо. И это смешение приятных и неприятных чувств и есть то, что мы называем противоречивыми чувствами.

Иногда люди переезжают по другим, менее радостным причинам в меньший по размеру дом. И тогда переезд знаменует не только глобальные перемены, но и финансовые трудности. И хотя маленькие дети могут не понимать или не знать о том, что происходит, на них обязательно скажется настроение мамы и папы. Дети часто слышат ночные споры родителей о деньгах. Или же догадываются о том, что дела плохи по состоянию родителей.

Важно помнить, что все глобальные перемены производят и в детях, и во взрослых эмоциональную энергию.

Кол был счастлив, узнав, что у нас будет дом с двором и его собственным бассейном, и что у него будет большая комната. В то же самое время ему было грустно уезжать от друзей, с которыми он вместе ходил в школу и играл дома. Джон знал, что предстоящий переезд — великолепная возможность научить Кола иметь дело со своими противоречивыми чувствами.

Джон решил организовать для своей семьи прощание с квартирой. Они переходили из комнаты в комнату и делились друг с другом своими воспоминаниями. Кол быстро сообразил, что нужно делать. Они говорили о печальных и радостных событиях, которые происходили в каждой комнате, и благодарили каждую комнату за то, что она защищала их от холода и зноя. Они вспоминали значимые события, например, как у Кола выпал первый зуб, и как он научился писать свое имя. Выходя из комнаты, они говорили ей «спасибо» и «прощай».

Они делали это не только ради Кола. У Джона и Джесс каждая комната вызывала свои воспоминания, хорошие и плохие, которые они обсуждали друг с другом. Всем троим это пошло на пользу. В день отъезда Кол со слезами на глазах помахал рукой своему первому дому. Он очень быстро адаптировался к новому месту жительства. Попрощавшись с квартирой[126], он легко освоился в новом доме. Джон и Джесс с теплом вспоминают свою прежнюю квартиру, в которой Кол провел свои ранние годы. В новом доме у них появилось много новых прекрасных воспоминаний.

---

[126] Дословно: «завершив свои отношения с прежней квартирой, он смог развить отношения с новым домом».

Скоро Кол будет поступать в институт и переедет в общежитие. И хотя он будет возвращаться домой на выходные и на каникулы, он проделает то же самое, что сделал 13 лет назад, потому что его повседневная жизнь изменится. Джон и Джесс будут рядом с ним, и вместе они будут вспоминать всё, что произошло за эти последние годы. Теперь большую часть времени он будет проводить в общежитии, у него сложится новый жизненный уклад. И, скорее всего, вы уже догадались, что он сделает четыре года спустя.

Даже если это кажется глупым, проделайте то же самое. Мы настойчиво рекомендуем вам во время переезда предпринять действия, описанные в истории Джона, даже если у вас нет детей. Очень важно, чтобы вы не были одни. Джон, Джесс и Кол ходили по комнатам вместе и делились друг с другом своими воспоминаниями. Даже если вы жили одни, пригласите друга, с которым вы разделите свои воспоминания и в его присутствии попрощаетесь с домом.

Мы сталкивались со множеством случаев, когда люди страдали от того, что должным образом не попрощались[127] с прежним местом жительства — ведь дом так важен для каждого из нас. Эти простые действия помогут вам легче справиться с переездом.

Прощание со старым домом может неожиданно для вас всколыхнуть чувства к людям, отношения с которыми остались для вас незавершенными. Вы можете вернуться к этим отношениям и, пользуясь нашими рекомендациями, прийти в них к чувству завершенности.

Даже если эти действия кажутся вам глупыми, всё равно выполните их. Их польза будет для вас неоценима.

---

[127] Буквально «не завершили свои отношения с домом».

РАЗНОЕ (ВОПРОСЫ И ОТВЕТЫ)

Сколько событий нужно отметить на графике утрат и графике отношений?

Нам часто задают этот вопрос. Поскольку все люди разные, нет точного или правильного ответа. Одни люди многословны, другие более сдержаны. Например, Джон говорит и пишет коротко. Рассел более словоохотлив. И если вы сравните их графики утрат и графики отношений, вы увидите разницу. На своем графике утрат Джон отметил только 9 событий, а Рассел — 13. На графике отношений с братом Джон описал 8 событий, а Рассел на линии отношений с бывшей супругой — 12. Учтите, что в книге графики представлены не полностью, а частично, чтобы показать, как надо выполнять упражнения. И, тем не менее, даже эти образцы отражают разницу между Джоном и Расселом.

Относительно того, сколько событий нужно отметить, нет непреложного правила. Здесь важна точность, а не количество. Мы знаем людей, которые перечисляли слишком много, и им это не помогло, потому что они повторялись или перечисляли многочисленные примеры одного и того же. Мы не отрицаем того, что вы могли пережить огромное число смертей. Но на графике утрат должны быть отмечены смерти тех людей, с которыми у вас были близкие отношения. Конечно, не нам судить, но всё же смерть троюродной сестры, с которой вы виделись два раза в жизни, скорее всего, не нужно отмечать.

На графике утрат мы рекомендуем отметить от 6-ти до 20-ти событий. Мы повидали тысячи подобных графиков, и в среднем люди указывают примерно 15 утрат. Если вы отметили намного больше, посмотрите, нет ли среди них повторяющихся и нет ли там людей, с которыми вы были едва знакомы.

На графике отношений, возможно, будет отмечено от 5-ти до 15-ти событий выше горизонтальной линии и столько же ниже.

В зависимости от характера отношений, больше событий будет либо наверху, либо внизу. Если у вас отмечено много событий и сверху, и снизу, посмотрите, не повторяетесь ли вы. В этом нет необходимости. Наоборот, так вы рискуете остаться в плену своей боли или нереально-радужной картины отношений.

Те же самые рекомендации относятся и к завершающему письму, которое вы пишете, опираясь на график отношений.

Сострадание вместо оправдания

В последнее время стала популярной одна поговорка, которая может помешать душевному восстановлению[128]: «Он сделал всё, что мог, но мог он немного». Обычно она звучит по отношению к тому, с кем у вас не всё ладилось. И хотя, возможно, она соответствует реальности, она никак не помогает обрести душевный покой[129]. Мы знаем, что некоторые писали эту фразу ближе к концу завершающего письма, и чуть позже звонили нам и говорили, что они так и не обрели чувство завершенности. Они писали в письме: «Ты сделал всё, что мог, но мог ты немного», и тем самым ненамеренно перечеркивали слова прощения, которые написали выше. Сами того не подозревая, они оправдывали плохое к себе отношение, имея убеждение, что люди всегда делают то, на что они способны, иначе они поступили бы по-другому. Но, к сожалению, «то, на что были способны» некоторые, почти разрушило нашу жизнь.

Справедливости ради надо сказать: возможно, оба ваших родителя или те, кто вас растил, сами пережили ужасное детство и позже стали жертвами трагических событий и жестокого обращения. Возможно, они жили с алкоголиками, душевно больными или жестокими людьми. И по этим причинам вам надо иметь к ним сострадание. Тем не менее, они позволили этим обстоятельствам влиять на свою жизнь, и последствия произо-

---

[128] Буквально «эмоциональная завершенность».

[129] В английском: Even though it may be intellectually true, it is not emotionally helpful.

шедшего с ними отразились на вас. Но что бы они с вами ни совершили, если вы испытываете к ним сострадание, вы можете выразить это другими словами: «Папа, мое сердце исполнено сострадания к тебе. Как жаль, что тебе пришлось пережить такое!» Эти строчки лучше написать ближе к концу письма и обязательно после того, как вы простите этого человека.

Никаких вопросов, только утвердительные предложения

Что еще из написанного в завершающем письме может помешать душевному восстановлению? Вопросы. Очевидно, что на вопросы, которые мы задаем в письме к умершему, мы не услышим ответы. Иногда люди пишут: «Отец, почему ты не заботился о своем здоровье?» Вопросы в завершающем письме, даже риторические, не помогают достичь чувства завершенности, делая безуспешным весь путь к душевному восстановлению.

Очевидно, что умершие не могут ответить на ваши вопросы, кроме того, на них не смогут ответить и живые. Мы напоминаем о том, что ваши письма не предназначены для того, чтобы их прочитали те, кому они адресованы, потому что в них вы прощаете этих людей, что не надо делать в лицо. А раз живые никогда не услышат этих слов, вы и не получите ответы на свои вопросы. Мы не говорим о том, что вы не можете задавать вопросы живым людям, когда видитесь с ними или общаетесь — задавайте, если хотите. Мы говорим о том, что не надо задавать вопросы в завершающих письмах.

Дополнительные письма[130]

Может так случиться, что вы составили график отношений и написали завершающие письма родителям и тем людям, которые оказали влияние на вашу жизнь, но так и не обрели чувство завершенности. В этом случае вам придется вернуть-

---

[130] В английском: Use the PS Letter for additional completion.

ся и проделать дополнительную работу, сосредоточившись на тех аспектах отношений, из-за которых вы утратили чувства безопасности, перестали доверять людям, были лишены нормального образа жизни и детства в целом. Вы можете составить небольшой график отношений и написать дополнительное письмо, как послесловие, вспомнив события и ситуации, когда вы не чувствовали себя в безопасности, и когда люди подрывали ваше доверие.

Рекомендации для такого письма вы найдете на стр. 166–167, в разделе «Что делать, когда неожиданно всплывают новые воспоминания? История о разбитом окне». Из этого примера видно, что вам не надо переделывать уже составленный график отношений и переписывать всё письмо. Вам надо лишь разобраться с конкретной ситуацией, которая вдруг вам вспомнилась.

Составив дополнительный график отношений и написав письмо, прочитайте его вслух тому, кого вы считаете «хорошим слушателем» и с которым будете чувствовать себя уверенно. Рекомендации для того, кто слушает, и для того, кто говорит, вы найдете на стр. 160–162.

ЗАКЛЮЧИТЕЛЬНОЕ СЛОВО

Восстановиться после утраты можно с помощью небольших, но верных шагов. И мы рады, что в своем юбилейном издании у нас была возможность предоставить вам дополнительную информацию, которая поможет предпринять эти шаги.

Мы знаем, что многие люди прочтут эту книгу, она им понравится, и они извлекут из нее что-то полезное. Но не предпримут действия, которые могли бы помочь им восстановиться. Нам очень приятно, что вы прочли книгу, и что вам она понравилась. Но нам было бы еще приятней, если бы вы вернулись и предприняли действия, которые мы предлагаем, с партнером или самостоятельно. Пожалуйста, не тешьте себя мыслью, что раз вы прочитали и поняли смысл написанного, значит, вы уже обрели чувство завершенности. Это чувство приходит благодаря действиям.

И помните, мы поддерживаем вас и уважаем за вашу смелость и стремление действовать.

Джон В. Джеймс и Рассел Фридман

Институт восстановления скорбящих. Услуги и программы

Институт восстановления скорбящих и тысячи его филиалов предлагают различные программы для людей, переживающих утрату. Сертифицированные специалисты ведут программы восстановления в больших и малых городах США и Канады. Наши программы начинают свою работу и в других уголках мира.

Программа восстановления скорбящих направлена на то, чтобы помочь людям справиться с болью[131] любой значимой потери. Ознакомительные программы идеально подходят людям, которым трудно найти партнера для работы, предложенной в книге.

Свидетельство, выданное нашим институтом, разрешает использование нашего бренда. Он выглядит так: Восстановление скорбящих[132]. Если у специалиста есть наше свидетельство, значит, он имеет к нам прямой доступ и работает с нашими программами надлежащим образом.

---

[131] В английском: complete the pain.
[132] Grief recovery®.

В нашем институте вы можете пройти обучение и стать сертифицированным специалистом.

Институт также проводит интенсивные семинары для скорбящих в США и предоставляет выступающих для любых организаций.

Чтобы получить информацию по любой из наших программ, вы можете связаться с нами.

Адрес в США:
Grief Recovery Institute
PO Box 56223
Sherman Oaks, CA 91403
(888) 773-2683

Вы также можете посетить наш сайт:
www.griefrecoverymethod.com

Или отправить письмо на электронную почту:
info@griefrecoverymethod.com

Если вы хотите больше узнать о программе «Восстановление скорбящих» или пройти ее в России, вы можете связаться с нами по электронной почте: **griefrecovery@yandex.ru**

Слова благодарности

От Джона

За 30 лет работы мы повстречали множество людей, которым обязаны своей благодарностью. Но есть те, кого обязательно нужно назвать поименно. Моя личная глубокая признательность Томми Аткинсону, Дэну Бринглинджеру, Джону Боргворту, Дуану Чемберсу, а также Стиву и Тэрри Хьюстон. Эти люди были со мной у самых истоков. Я хочу поблагодарить Фрэнка Черри, моего первого партнера, который был со мной в первые дни нашей работы.

Это обновленное издание появилось благодаря трудам Джонатана Дъямонда, нашего агента, и Трены Китинг, нашего редактора в «ХарперКоллинз», которая является профессионалом высшего класса и обладает прекрасным чувством юмора.

Я очень хочу поблагодарить своего партнера и друга Рассела. Однажды он присоединился ко мне на добровольных началах и стал для меня надежным партнером. Мы вдвоем несем нашу миссию. Мы вместе смеемся и плачем, и нам каким-то образом удается вселить надежду в сердца тех, кто больше всего в этом нуждается.

Я хочу поблагодарить обоих моих детей. Когда я последний раз писал слова благодарности, Аллисон было 12. Мне казалось, что я на мгновение закрыл глаза, а когда их открыл, передо мной стояла прекрасная, очаровательная 32-летняя молодая женщина. 20 лет назад нашему сыну Колу было всего шесть лет. Однажды журналист спросил у него, знает ли он, чем занимается его отец. Он на секунду задумался и ответил: «Мой папа помогает печальным людям». Его ответ был верным и остается верным до сих пор. Сейчас ему 26 лет, его рост 188 см и он весит 89 кг. Не могу передать, как сильно я люблю их обоих.

Я хочу поблагодарить десятки тысяч людей, переживших горе, которые делились со мной своей болью, надеждами и мечтами. Это честь для меня. Без их искреннего участия институт не смог бы стать популярным и помочь такому множеству страдающих сердец.

Трудно найти слова, чтобы выразить, как я благодарен моей супруге Джесс Волтон. После смерти сына я уже и не надеялся вновь обрести радость. Как и у многих скорбящих, на моем лице была улыбка, а внутри — слезы. И вдруг в моей жизни появилась Джесс, и она рядом все эти годы. Она с энтузиазмом поддерживала наши начинания в помощи скорбящим. Она смирилась с моими поездками, задержками на работе до поздней ночи и плачущими людьми в нашей гостиной. Она даже ходит на разные шоу, стараясь выиграть денежные призы на благотворительные цели — для своего любимого института восстановления скорбящих (и чтобы покрыть обязательные расходы, когда наш личный бюджет трещит по швам). Всё это время она продолжала заниматься своей любимой актерской профессией. Она сыскала известность и признательность у зрителя и авторитет среди своих коллег. Наш камин украшают две премии Эмми. Она гламурная женщина с гламурной профессией, а в том, чем занимаюсь я, нет ничего гламурного. Я знаю, что она понимает, как сильно я люблю и ценю ее. Но я все равно хочу сказать: «Спасибо тебе. Я тебя люблю».

Джон В. Джеймс

От Рассела

Когда мои друзья и знакомые узнают, чем я занимаюсь, то спрашивают, не отнимает ли это у меня силы. Я отвечаю: «Наоборот, это придает мне сил. Я не могу представить, чем еще я мог бы заниматься, что так наполняло бы мое сердце и душу. Когда я помогаю тем, кто в скорби, им становится лучше. И мне вместе с ними».

Принципы и действия восстановления скорбящих сильно изменили мою жизнь. Я никогда не был так счастлив. И когда мне грустно, я грущу. Все чувства хороши. Жизнь больше не утомительна для меня. Теперь я действительно живу, а не существую.

Свою особую благодарность и любовь я хочу выразить:

- маме — я скучаю по тебе;
- папе — моему другу;
- моей второй половинке Элис;
- партнеру и другу Джону В. Джеймсу;
- дочери Кэлли;
- подруге Клаудии;
- племяннице Габи и ее маме Лизе;
- потрясающим сестрам-близняшкам Мэгги и Пэтти;
- замечательному младшему брату Кэну;
- двум милым бывшим женам, Вивьенн и Джинн;
- личному святому Виктору;
- товарищам по гольфу Лори, Вилли, Фрэнку и Кэну, которые терпят мои перепады настроения и промахи;
- ну и всем, кто и без того знает, что я им благодарен, особенно Кэтлин и Дэби.

Рассел Фридман

ДЖОН В. ДЖЕЙМС И РАССЕЛ ФРИДМАН

Восстановление скорбящих

Перевод: *О. Ярощук, М. Ляшенко*
Оформление: *В. Селиванов*
Редакторы: *Т. Флеминг, О. Ярощук*
Корректор: *Ю. Сурмина*
Вёрстка: *В. Михеев*

Подписано к печати 28.02.2020. Формат $60 \times 90\,^1/_{16}$.
Печать офсетная. Объём 6 печ. л. Тираж 1000 экз.

Издатель ИП Михеев В. В.

Отпечатано в ПАО «Т 8 Издательские Технологии» (ПАО «Т 8»)
г. Москва, Волгоградский пр., д. 42, корп. 5.